부드러우면서 단호한
학급 경영의 기술

교사가 소진되지 않는 교실 만들기

부드러우면서 단호한

학급경영의 기술

김성효 지음

빅피시
BIG FISH

프롤로그

감정에는 부드럽게,
행동에는 단호하게

처음 담임을 맡았을 때입니다. 작은 시골 학교에서 3학년 스물세 명을 가르치게 됐습니다. 아이들 보는 게 그렇게나 설레고 떨리고 기분 좋을 수 없더군요. 저는 아이들을 정말 좋아했습니다. 지금 생각하면 왜 그랬나 싶지만 점심시간이면 아이들을 돌아가면서 업어줄 정도였으니, 말 다했죠. 그렇게 아이들 가까이에서 가장 친한 친구처럼 편하고 다정하고 친절한 선생이 되고 싶었습니다.

그런데 막상 3월 첫날, 첫 주, 한 달이 가는 동안 그 설렘과 떨림이 흔적 없이 사라졌다는 걸 느꼈습니다. 저는 늘 갈팡질팡했습니다. 화내야 하나, 말아야 하나. 혼내야 하나, 말아야 하

나. 이랬다간 아이들과 사이가 멀어지지 않을까, 학부모가 싫어하지 않을까, 교장실로 항의 전화라도 넣으면 어떻게 하지, 하는 갈등이었지요.

아이들에게 먼저 다가가고 눈높이를 맞추려고 애썼는데, 참 이상했습니다. 아이들과 편해질수록 교실은 점점 어수선해졌습니다. 수업 시간에 자리를 이탈하는 아이, 선생님 말을 가볍게 여기는 아이, 쉬는 시간마다 터지는 크고 작은 안전사고들, 심지어는 급속도로 늘어가는 학습 부진 아이까지. 화내면 아이들이 싫어하는 것 같고, 아이들이 싫어하는 것 같으니 농담이나 장난을 걸고, 그러면 다시 교실은 어수선해지는 딜레마의 연속이었습니다.

교실에 찾아온 조용한 변화

그러다 저는 스스로에게 약속했습니다. 학급 경영에 분명한 원칙을 세우자고요. 그 원칙은 바로 '감정에는 부드럽게, 행동에는 단호하게'였습니다. 아이가 화내거나 울거나 속상해할 때, 그 감정 자체는 허용하고 인정해주기로 했습니다. 하지만 잘못된 행동은 대충 넘어가거나 모른 척하지 않기로 했습니다. 적절한 지도와 대응을 분명히 하기로 마음먹었습니다. 아이들의 감정적 반응에 제가 먼저 휘둘리거나 당황하는 대신, 저 역시 차분하게 적절한 대응을 하기로 했습니다.

변화는 천천히, 그러나 분명하게 찾아왔습니다. 아이가 화내며 소리를 질렀을 때, 예전의 저라면 같이 흥분해서 소리를 높이거나, 불편해서 모른 척 지나갔을 것입니다. 하지만 더는 그렇게 하지 않았습니다. 학급에 부드럽지만 단호하게 대응한다는 원칙을 적용하면서 갈팡질팡하거나 흔들리지 않게 된 것입니다.

물론 교실에선 그 뒤로도 다양한 일이 벌어졌습니다. 하지만 온갖 문제 상황 앞에서 이랬다가 저랬다가 감정적으로 흔들리고 상처받지 않는 대신 다음엔 어떻게 해야 할지, 내가 오늘 놓친 것은 무엇인지 돌아보는 성찰의 기회로 여기게 되었습니다. 오늘의 성공보다 매일의 성장을 우선에 두는 학급 운영을 해나가게 되었습니다.

제가 달라지면서 교실에서도 신기한 일들이 일어났습니다. 매일같이 다투던 아이들이 스스로 문제를 해결하려고 노력하기 시작했습니다. 정리정돈이 습관처럼 이루어지면서 교실은 눈에 띄게 깔끔해졌고, 크고 작은 안전사고가 줄었습니다. 무엇보다 아이들의 눈빛이 달라졌습니다. 먼저 다가와 이야기를 건네고, 자신의 고민을 털어놓기 시작했습니다. 어수선하고 무질서하던 교실이 점점 평화로운 공간으로 바뀌어갔습니다.

그제야 알게 되었습니다. 부드러움과 단호함은 서로 반대되는 것이 아니라, 함께 있어야 비로소 완성된다는 것을요. 부드러우면서 단호한 교사가 되는 것이야말로 학급 운영의 핵심이라는 것을요.

복잡함 속에서 찾은 단순한 답

그렇게 30년 가까운 시간이 흘렀습니다. 그사이 저는 수많은 선생님의 고민을 듣고 함께 이야기 나눴습니다. 교생 선생님들을 지도할 때도 마찬가지였습니다. 처음 교단에 서는 그들의 눈에서 설렘과 두려움이 동시에 읽혔고, 저는 그들에게 제가 배운 것들을 전해주고 싶었습니다. 이런 과정에서 저도 교사들과 함께 성장할 수 있었습니다.

신규 선생님부터 경력 많은 선생님까지, 학급 경영이 어렵다고 토로하는 분들을 만날 때마다 저는 다른 누구도 아닌 예전의 저를 봅니다. 화를 내야 할지 말아야 할지 몰라 전전긍긍하던 나, 아이들에게 미움받을까 봐 단호하게 말하지 못하던 나, 학부모들에게 손가락질받고 선생을 그만둘까 고민하던 나. 그 모든 저를 다시 보곤 합니다. 그리고 한결같은 마음으로 묵묵히 교직의 길을 걸어왔을 수많은 선생님의 삶에 또 한 번 고개를 숙이곤 합니다.

이 책을 쓰는 동안에도 대한민국의 학교는 많은 변화를 겪었습니다. AI와 에듀테크, 그 밖의 온갖 다양한 정책도 교실 안으로 들어왔습니다. 그런데 정작 교사에 대한 복지는 변함이 없고, 교권 추락에 대한 근본적인 대책도 없습니다. 교실에는 빠른 변화에 대한 압박만 있지요. 사실 이 자체로 교사는 피곤합니다. 어려울 때 누가 나를 지켜주지, 하는 교사들의 불안감도 더 심해졌고요.

저는 이 책에서 결국 단순하고 간결한, 학급을 꾸려가는 일종의 원리 같은 것에 대해 말하고 싶었습니다. 시골이든 도시든, 국립이든 공립이든 사립이든 어느 학급에서나 적용할 수 있는 학급 경영의 원칙에 대해서요. 복잡한 것들을 다 걷어내고, 교실에서 아이들과 매일매일을 버틸 수 있게 해주는 기본에 대해서요.

이 책은 그렇게 오랜 시간 동안 쌓인 이야기입니다. 수많은 선생님의 고민을 상담하고 조언하면서, 교생들을 가르치면서, 그리고 무엇보다 스스로를 끊임없이 갈고닦으면서 깨달은 학급 경영의 원리만 추려서 담았습니다. 거창한 이론이 아닙니다. 교실에서 아이들과 부딪히며 배운 것들, 실패하고 다시 일어서며 얻은 지혜들, 동료 선생님들과 나눈 대화 속에서 발견한 것들입니다. 현장에서 바로 쓸 수 있는 실천적인 이야기를 담으려고 애썼습니다.

특히 이 책은 저와 같은 딜레마 속에서 고민하는 선생님들을 위해 썼습니다. 아이들과 친해지고 싶은데 교실이 무너질까 봐 걱정되는 선생님, 단호하게 지도하고 싶은데 아이들에게 미움받을까 봐 망설이는 선생님, 화내야 할지 참아야 할지 매일 갈등하는 선생님께 작은 길잡이가 되고 싶습니다.

저는 우리 선생님들이 부드러우면서 단호한 교실을 꾸려가길 바랍니다. 아이들을 위해서가 아니라, 교사 자신을 위해서요. 부디 이 책이 선생님의 교실에 평화와 웃음이 깃드는 데 조금이나마 보탬이 되기를 진심으로 바랍니다.

교사들과 늘 함께 걷고 있는

김성효 드림

차례

PART

특별한 상황과 개별 아이 지도 가이드

5장 학년별로 다르게 접근해야 한다

6장 어떤 아이에겐 더 많은 배려가 필요하다

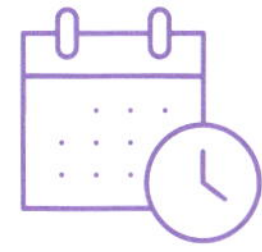

PART 4 나를 지키며 성장하는 교사의 길

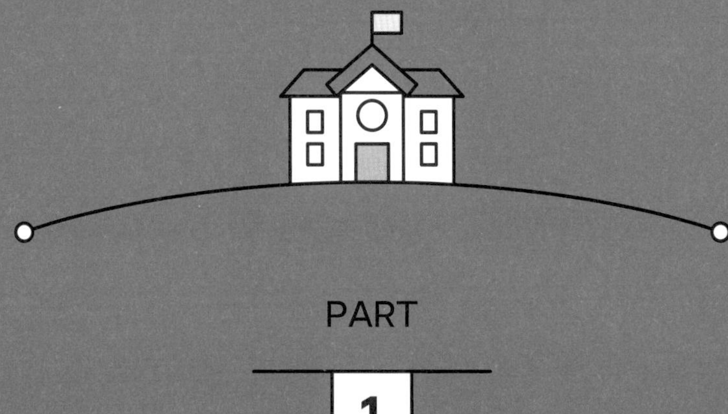

PART

1

나만의 학급 경영 철학 세우기

내 가치관과 교육관 점검하기

신규 교사 시절, 어느 날이었습니다. 아이들에게 잔뜩 화낸 날이었어요. '나는 친구 같은 선생님이 되고 싶은데, 왜 자꾸 화만 내는 거지?'라는 생각이 들었습니다. 친구 같은 선생님이 되고 싶어 허물없이 대하면 아이들은 나를 너무 만만하게 보는 것 같고, 그렇다고 화를 내면 또 너무 무서워하고. 어떻게 해야 이 균형과 경계를 지킬 수 있을까, 몇 번이고 생각하고 또 생각했었지요.

왜 이런 일이 생기는 걸까요? 이는 교사 자신의 가치관과 교육관을 명확히 점검하지 않았기 때문입니다. 내가 어떤 교사가 되고 싶은지, 무엇을 중요하게 여기는지 모르면 학급 경영도 흔들립니다.

나는 어떤 교사가 되고 싶은가?

✦

학급 경영을 위해 스스로에게 가장 먼저 물어야 할 질문입니다. 이 질문에 답하기에 앞서 그동안 내가 만났던 선생님들을 떠올려볼까요?

초등학교 시절, 나에게 큰 영향을 준 선생님이 있었나요? 어떤 선생님이었나요? 따뜻하고 다정한 선생님이었나요, 아니면 엄격하면서도 공평한 선생님이었나요? 반대로 힘들었던 선생님도 있었을 겁니다. 어떤 점이 힘들었나요? 무서웠나요, 무관심했나요, 불공평했나요?

이런 기억들이 지금의 나를 만들었습니다. '나는 저런 선생님이 되고 싶어' 또는 '나는 절대 저런 선생님은 되지 않을 거야' 하는 다짐들이 내 교육관의 출발점입니다. 이제 조금 더 구체적으로 들어가봅시다. 다음 질문들에 답해보세요. 정답은 없으니, 편하고 솔직하게 답하면 됩니다.

교실에서 가장 중요한 것은 무엇인가?

· 학생과 교사의 관계인가?

· 학습과 성취인가?

· 질서와 규칙인가?

· 자율과 창의성인가?

문제 상황이 생겼을 때 무엇을 우선시하는가?

· 학생의 감정을 들어주는 것인가?

· 규칙을 지키게 하는 것인가?

· 다른 학생들에게 미치는 영향을 생각하는 것인가?

아이들이 나를 어떻게 기억하기를 바라는가?

· 따뜻한 선생님인가?

· 공평한 선생님인가?

재미있는 선생님인가?

· 잘 가르쳐주는 선생님인가?

이 질문들에 답하다 보면 내 안에 어떤 가치관이 자리 잡고 있는지 보입니다. 이것이 바로 나의 교육관입니다. 교육관은 하늘에서 뚝 떨어지지 않습니다. 그동안 자라온 환경, 만난 사람들, 배우고 생각하고 경험한 것들이 모여서 만들어집니다.

부드러움과 단호함의 균형 찾기

✦

내가 자란 가정의 양육 방식도 중요한 요인 중 하나입니다. 부모님은 나를 어떻게 키우셨나요? 엄격했나요, 허용적이었나요? 규칙이 많았나요, 자유로웠나요? 칭찬을 많이 들었나요, 혼나는 일이 많았나요? 많은 교사가 자신이 자란 방식대로 아이들을 대합니다. 엄격하게 자란 사람은 엄격한 교사가 되기 쉽고, 자유롭게 자란 사람은 허용적인 교사가 되기 쉽습니다. 이게 나쁜 것은 아니지만, 내가 왜 그런 방식을 선호하고 왜 학생들을 그렇게 대하는지는 곰곰이 생각해볼 필요가 있겠지요.

교사는 교육학을 전공하면서 여러 이론을 배웁니다. 피아제의 발달 단계, 비고츠키의 사회 문화 이론, 행동주의, 인지주의, 구성주의. 이 중에 어떤 이론이 나에게 와닿았나요? 어떤 사람은 아이의 발달 단계에 맞춰서 가르쳐야 한다고 생각하고, 어떤 사람은 아이 스스로 학습을 구성하며 배워야 한다고 생각합니다. 이것도 교육관의 일부입니다.

교육 실습이나 첫 발령 후 겪은 일들도 교육관을 형성하는 요인입니다. '이렇게 했더니 효과가 있었다' '저렇게 했더니 큰일 날 뻔했다' 같은 경험, 성공과 실패의 기억. 모두가 지금의 나를 만든 요인입니다. 문제는 한두 번의 경험이 교육관을 너무 굳혀버릴 때입니다. 예를 들어 '학생들에게 친절하게 대했더니 무시당했어. 역시 엄격해야 해'처럼 성급하게 결론 내리면 안 됩니다. 다양한 경험을 통해 균형을 찾아야 합니다.

대부분의 교사는 '부드러우면서 단호한' 학급 경영을 꿈꿉니다. 하지만 각자 균형점은 다릅니다. 어떤 교사는 70% 부드러움과 30% 단호함이 맞고, 어떤 교사는 50 대 50이 맞습니다. 먼저 나는 어디에 가까운지 점검해보세요.

나는 부드러운 쪽에 가까운가?

· 아이들과 친구처럼 지내고 싶은가?

· 아이들이 나를 좋아하는 것이 중요한가?

· 혼내는 것이 힘들고 불편한가?

· "안 돼"라고 말하기가 어려운가?

나는 단호한 쪽에 가까운가?

· 규칙과 질서가 중요한가?

· 아이들이 선을 넘으면 바로 제지해야 한다고 생각하는가?

· 칭찬보다 잘못된 점을 지적하는 경우가 많은가?

· 학급 통제가 잘되어야 안심이 되는가?

이런 질문들에 스스로 답을 찾아보세요. 대부분의 교사는 한쪽으로 치우쳐 있습니다. 완벽한 중간은 없습니다. 중요한 것은 내가 어디에 있는지 아는 것입니다. 이것을 아는 것부터 시작해야 균형도 찾아갈 수 있습니다.

부드러운 쪽에 가까운 교사는 단호함을 연습해야 합니다. '이렇게 했다가 아이들이 날 싫어하면 어떡하지?' 하는 두려움을 넘어서야 합니다. 명확한 경계를 설정하는 것이 오히려 아이들에게 안정감을 준다는 것을 받아들여야 합니다. 단호한 쪽에 가까운 교사는 부드러움을 연습해야 합니다. '규칙을 안 지키면 혼내야지' 하는 자동 반응을 멈추고, '이 아이가 왜 그랬을까?' 하고 한 번 더 생각해야 합니다. 때로는 공감이 규칙보다 먼저라는 것을 받아들여야 합니다.

'좋은 선생님'에 대한 오해 깨뜨리기

많은 교사가 "좋은 선생님이 되고 싶다"라고 말합니다. 하지만 정작 '좋은 선생님'이 무엇인지에 대해서는 막연한 경우가 많습니다. 물론 저도 그랬습니다. 저는 신규 교사 때는 물론이고 저경력 교사 때도 친구 같은 선생님이 되고 싶어서 학생들과 놀아줄 방법을 매일 고민했습니다. 심지어 주말엔 같이 축구도 하고, PC방에도 갔습니다. 친구처럼 대하면 학생들이 제 마음을 더 잘 이해하고, 수업도 더 잘될 거라고 믿었기 때문입니다. 그런데 결과는 전혀 그렇지 않았습니다. 학습 부진은 늘고, 희한하게 교실에선 사건과 사고가 많아졌습니다.

한번은 교감 선생님이 교무실로 불러서, "그렇게 아이들 예빼만 한다고 좋은 선생은 아니지"라는 말을 정말 진지하게 하시더군요. 고백하자면 귓등으로도 듣지 않았답니다. 지금 돌아보면 얼마나 오만한 생각이었는지 스스로 놀랄 정도지만, 그땐 그랬습니다.

이 생각이 바뀌게 된 건 우연히 옆 반 어느 선생님의 수업을 본 뒤였습니다. '똑같은 수업을 내가 할 땐 교실이 난리도 아니었는데, 왜 저 반에선 저렇게 집중을 잘하지?' 너무 이상했습니다. 크게 혼내는 것도 아니고 매일 야단치는 것도 아닌데 뭐가 다른 걸까, 곰곰이 생각하다가 학생들에게 물었습니다. 어떤 선생님이 좋은 선생님인지 말입니다.

잘 가르치는 선생님, 재미있고 즐겁게 수업하는 선생님, 학생들의 마음을 잘 이해하는 선생님을 꼽더군요. 제가 생각했던 친구같이 놀아주는 선생님은 어디에도 없었습니다. 정신을 바짝 차리게 됐다고 할까요. 이 일은 제게 많은 교훈을 주었습니다.

교사로서의 정체성 세우기

✦

교사들이 떠올리는 좋은 선생님의 모습은 대부분 이렇습니다. 아이들과 친구같이 지내는 선생님, 항상 웃는 얼굴로 아이들을 대하는 선생님, 아이들이 좋아하는 이야기를 해주는 재미

있는 선생님, 절대 화내지 않는 참을성 많은 선생님, 모든 것을 다 해주는 헌신적인 선생님을 흔히 떠올리지요.

그런데 과연 이런 모습들이 정말 '좋은 선생님'의 조건일까요? 아닙니다. 오히려 이런 고정된 생각이 교사를 더 힘들게 만들고, 진정한 교사가 되는 길을 가로막는 경우가 많습니다. 다인수의 학생이 함께 있기 때문에 무엇보다 교실은 평화로워야 하고, 평화롭기 위해서는 질서가 필요합니다. 질서는 교사의 분명한 지시와 안내에서 생겨나며, 학급의 또 다른 구성원인 학생과 학부모는 교사의 이러한 지도를 존중하고 잘 따라야 합니다. 진짜 좋은 선생님이 되기 위해서는 먼저 좋은 선생님에 대한 오해들을 깨뜨리고, 교사로서의 올바른 정체성을 세워야 합니다.

제가 살면서 만난 모든 전문가는 스스로 자신이 그 분야의 전문가라고 믿고 행동했습니다. 외과 의사가 산부인과 의사 앞에서 기죽는 모습을 본 적도 없고, 미용사가 이발사 앞에서 위축되는 걸 본 적도 없습니다. "죄송한데, 제가 아직 경력이 짧거든요"라든가, "사실 이런 일은 아무나 해도 되는 거예요. 별거 없어요"처럼 말하지도 않았습니다. 전문가들은 '이 분야에서는 내가 전문가'라는 자세로 일합니다. 부족한 부분이 있다면 스스로 찾아서 공부하고 연습하죠. 우리가 전문가를 믿고, 일을 맡기는 이유입니다.

교사도 마찬가지입니다. 스스로 교육에 대한 전문가로 정체성을 갖는 게 매우 중요합니다. 교사로서 교육 전문가라는 정체성을 갖는다면 경험해보지 않은 일에 대해서도 한결 유연하게 대응할 수 있습니다. 경력이 짧거나 처음 맡는 학년이라고, 학부모가 어렵다고 위축되지 마세요. 대신 '난 이런 상황이 아직 익숙하지 않을 뿐이야' '아직은 학부모를 대하는 게 어려워'라고 현실을 정확하게 인정하는 겁니다. 그래야 지금 위치를 정확히 파악하고, 거기서부터 나아갈 수 있습니다.

이렇게 말해보세요.

"나는 충분히 단련된 교육 전문가야. 나는 지금 내게 도움이 될 중요한 경험을 하고 있어."

아이들이 원하는 진짜 어른의 모습

교직 경력 4년 차 때 6학년을 담임했습니다. 학생들이 속을 썩일 때마다 화내고 속상해하고, 슬퍼하다가 나중엔 아이들 앞에서 울곤 했습니다. 울먹이면서 '선생님이 너희를 얼마나 사랑하는데…'라고 말하면 영화에서처럼 아이들이 감동해서 달라질 거라고 믿었지요.

그러던 어느 날이었습니다. 그날도 아이들은 말을 안 들었고, 그날도 아이들에게 이야기하다가 울먹거렸습니다. 다음

날, 학생 하나가 일기에 이런 말을 써왔습니다.

"우리 선생님은 어른답지 못하다. 선생님은 믿고 의지하기 어려운 어른이다."

제가 이 일기를 보고 얼마나 충격받았을지 상상하실 수 있을까요? 이때 처음으로 생각했습니다. '어른다운 어른이란 어떤 걸까? 나는 교실에서 어떤 어른이어야 할까?' 하고요. 저는 이 일을 겪은 다음부턴 해마다 아이들에게 어떤 어른, 어떤 선생님을 바라는지 물어보곤 했습니다.

아이들이 진짜 원하는 어른은 이랬습니다.

· 나를 이해해주는 어른

· 공평하고 일관된 어른

· 나를 믿어주는 어른

· 나를 안전하게 지켜주는 어른

· 내 말을 진지하게 들어주는 어른

아이들은 '어른다운 어른'을 원합니다. 친구가 아니라 신뢰할 수 있는 어른, 의지할 수 있는 어른을 원하는 것입니다. 어떤 학급, 어떤 교실에서든 어른은 한 명입니다. 교사 한 명 말입니다. 어린 학생이 의지하고 따를 수 있는 존재, 누구보다 기대고 믿을 수 있는 존재. 그런 존재가 되어줘야 합니다. 그게 교사의 역할 중 하나입니다.

결국 아이들이 학급에서 기대하는 교사는 자신들을 이해해 주면서도 올바른 길로 이끌어주는 어른입니다. 같이 놀고 떠드는 친구가 아니라, 믿을 수 있고 의지할 수 있는 진짜 어른 말입니다.

이런 기본적인 태도를 가진 이후에는 아이들의 이야기에 귀 기울여야 합니다. 아무리 아이들의 눈높이에 맞추려고 애써도 교사는 어른입니다. 아이와 어른의 세계는 애초에 달라요. 교사가 노력해도 어쩔 수 없는 거리가 존재할 수밖에 없어요. 그래서 아이들의 이야기를 자꾸 들어봐야 합니다.

· 아이들은 어떻게 생각할까?
· 아이들의 속마음은 어떨까?
· 아이들은 무엇을 하고 싶어 할까?
· 아이들은 무엇을 원할까?

아이들에게 많이 묻고 이야기를 들을수록 이해가 되고, 이해가 될수록 아이를 바라보는 눈이 길러집니다. 좋은 교사가 되려면 아이들 입장에서, 아이들의 시선과 마음으로 학급을 바라보는 눈을 길러야 합니다. 무엇보다 교사가 학생의 의견을 귀 기울여 듣는 교실에선 교사와 학생의 관계가 나쁘려야 나

뺄 수 없답니다.

이렇게 말해보세요.

“선생님은 이렇게 생각하는데, 너희들은 어떻게 생각하니? 너희들 의견이 궁금해.”

원칙을 지키되,
유연하게 적용하기

부드럽고 단호한 교실을 만들기 위해 교사가 갖추어야 할 기본기는 무엇일까요? 무엇보다 원칙이 있는 학급, 스스로와 한 약속을 잘 지키는 교사가 되는 게 중요합니다. 교실에서 누구나 함께 지키는 원칙이 있다면, 그 원칙 안에서만 움직이면 됩니다. 설사 뜻밖의 사안이 터지거나 공문이 쏟아지는 갑작스러운 변수에도 흔들리지 않고 교실을 운영할 수 있습니다.

전통적인 교실 운영 방식은 크게 3가지로 나눌 수 있습니다. 첫 번째는 권위적인 방식입니다. "내가 시키는 대로만 해"라는 식으로 일방적인 지시와 통제를 중심으로 학급을 꾸려갑니다. 규칙을 위반할 땐 즉각적인 처벌을 부여합니다. 학생의 의견이

나 감정이 고려되지 않기 때문에 학생들은 왜 규칙을 지켜야 하는지 이해하지 못한 상태로 학급이 운영됩니다.

두 번째는 허용적인 방식입니다. "너희가 하고 싶은 대로 해"와 같이 지시에 명확한 경계나 기준이 없습니다. 학생들 사이에서 문제 상황이 발생하고 있거나 발생하였음을 알면서도 개입하지 않습니다. 학생들 스스로 알아서 할 거라고 막연하게 믿고 기대하기 때문에 적극적인 지도보다는 방임에 가깝게 학급을 꾸려갑니다. 학생 자율에만 의존하기 때문에 교사는 책임을 회피하려는 태도를 보이기도 합니다.

마지막은 민주적인 방식입니다. "함께 정한 약속을 잘 지키자"라고 말하며 명확한 기준을 제시하고 따뜻하게 관계를 맺어나갑니다. 학생의 의견을 듣되, 교사의 전문성도 발휘됩니다. 학급에서 학생들은 어디서부터 어디까지가 지켜야 할 선이고, 규칙인지를 명확하게 인지하고 행동합니다. 일관된 원칙 속에서 유연한 적용을 추구하기 때문에 매일 조금씩 나아지는 성장의 경험을 교사와 학생이 함께합니다.

부드럽고 단호한 교사는 바로 이 세 번째 길, 민주적인 방식을 추구합니다. 이 방식을 선택한다는 것은 단순히 중간 지점을 택하는 것이 아닙니다. 권위적이지도, 허용적이지도 않은 완전히 새로운 접근법입니다. 마치 단단한 뼈대 위에 부드러운 살이 붙어 있는 것처럼, 확고한 원칙 위에 따뜻한 마음이 더해진 모습입니다.

이런 교사는 아이들에게 "네가 틀렸어"라고 말하는 대신 "이렇게 하면 어떨까?"라고 제안합니다. "하지 마"라고 금지하는 대신 "우리가 정한 약속을 기억해보자"라고 상기시킵니다. 때로는 단호하게 선을 그어야 할 때도 있지만, 그 선 안에서는 아이들의 목소리에 귀 기울이고 함께 해결책을 찾아갑니다.

나만의 학급 경영 철학 문장 만들기

누구나 교사가 되기 전에는 이상적인 교육관을 가지고 있습니다. '나는 아이들 한 명 한 명을 존중하는 교사가 될 거야' '나는 절대 화내지 않을 거야' '나는 모든 아이를 공평하게 대할 거야'처럼요. 하지만 현실은 어떤가요? 이상과 다르지 않나요? 한 번에 스무 명 넘는 아이들이 동시에 이야기하고, 어떤 아이는 수업 시간마다 돌아다니고, 어떤 아이는 숙제를 한 번도 안 해오고, 어떤 학부모는 아무것도 아닌 일에도 전화로 항의합니다. 이상과 현실 사이에서 교사는 흔들립니다.

이때 첫 번째로 받아들여야 할 것은 완벽한 교사는 없다는 것입니다. '나는 절대 화내지 않을 거야'라고 다짐했어도 화를 낼 수 있습니다. '모든 아이를 공평하게 대해야지'라고 생각했지만 유독 힘든 아이가 있을 수 있습니다. 이것은 실패가 아닙니다. 당연한 겁니다.

교사도 사람입니다. 감정이 있고, 한계가 있고, 실수를 합니다. 아이도 어른도, 누구나 그렇습니다. 중요한 것은 자신이 완벽하지 않다는 것을 인정하고, 계속 배우고 성장하는 것입니다.

교육관이 있다는 것은 원칙이 있다는 뜻입니다. '나는 이것을 중요하게 여겨'라고 믿는 것은 좋습니다. 하지만 원칙만 고집하면 교실이 경직되고, 분위기가 딱딱해집니다. 예를 들어 '나는 규칙을 중요하게 여긴다'라는 원칙을 세운 교사가 있습니다. 하지만 어느 날, 한 아이가 지각을 했습니다. 규칙대로라면 혼을 내야 합니다. 그런데 아이의 표정이 이상합니다. 물어보니 아침에 엄마와 크게 싸웠다고 하면서 눈물이 글썽글썽합니다. 이럴 때 어떻게 해야 할까요? 규칙을 지키는 것이 중요한가요, 아이의 마음을 돌보는 것이 중요한가요?

정답은 둘 다입니다. 원칙을 지키되, 유연하게 적용해야 합니다. "세일이 지각했네. 우리 반엔 규칙이 있는 거 알지? 하지만 오늘 아침에 힘든 일이 있었던 것 같아. 괜찮니?"처럼 규칙을 상기시키면서도 아이의 마음을 먼저 챙깁니다. 이것이 원칙과 유연함의 균형입니다.

지금까지 생각한 것들을 정리해서 나만의 학급 경영 철학을 담은 문장을 만들어보세요. 거창할 필요 없습니다. 한두 문장으로 충분합니다.

나는 아이들이 안전하다고 느끼는 교실을 만들고 싶다.

명확한 규칙과 따뜻한 관계를 모두 중요하게 여기는 교사가 되겠다.

나는 아이들이 스스로 생각하고 선택하는 힘을 기르길 바란다.

많이 지시하기보다는 많이 질문하는 수업을 하고 싶다.

나는 아이들이 서로를 존중하며 함께 자라는 것을 중요하게 여긴다.

개인의 성취보다 관계와 협력에 더 많은 시간을 쓰려고 한다.

나는 아이들이 실패해도 괜찮다는 것을 배우길 바란다.

우리 교실에선 결과보다 과정을 칭찬하고, 실수를 배움의 기회로 만들겠다.

이 문장들은 각자 추구하는 방향이 조금씩은 다릅니다. 어떤 것이 더 좋고 나쁜 것이 아닙니다. 중요한 것은 교사가 자신의 문장을 갖는 것입니다. 내가 만든 문장을 나침반처럼 여기세요. 학급 경영을 하다가 길을 잃을 때, 이 문장으로 돌아오면 됩니다. '내가 지금 하는 것이 내 철학에 맞나?' 하고 스스로에게 물어보세요.

예를 들어 '나는 아이들이 스스로 생각하고 선택하는 힘을 기르길 바란다'라는 철학을 가진 교사가 있습니다. 그런데 요즘 너무 많은 것을 지시하고 있습니다.

"이거 해."

"저거 하지 마."

"이렇게 해야지."

문득 교육 철학 문장이 떠오릅니다.

'어? 나는 아이들이 스스로 선택하길 바랐는데, 지금 내가 다 정해주고 있네?'

그러면 수업이나 학급 경영의 방향을 조정할 수 있습니다.

이 문장은 고정된 것도, 불변하는 것도 아닙니다. 교사로 살아가면서 얼마든지 바뀔 수 있습니다. 1년 차 때의 철학과 10년 차 때의 철학은 다를 수 있습니다. 중요한 것은 지금 나의 철학이 무엇인지 아는 것입니다.

가치관의 충돌을 다루는 법

학급 경영을 하다 보면 가치관이 충돌하는 순간이 옵니다. 개인과 전체를 고민할 수도 있고, 공정성과 형평성 사이에서 고민할 수도 있습니다. 예를 들어볼까요? 민아는 조용하고 소극적인 아이입니다. 발표를 시키면 목소리가 작고 얼굴이 빨개집니다. 교사는 고민이 될 겁니다. 민아에게 발표 기회를 주지 않으면 민아는 지금 당장은 편합니다. 대신 다른 학생들은 민아의 의견을 듣고 함께 성장할 기회를 놓치겠지요. 물론 성장의 기회를 놓치는 것은 민아도 마찬가지고요. 발표를 시키면 민아는 불편해합니다. 대신 모두 함께 성장할 기회를 갖게 되겠지요. 이렇듯 개인과 전체가 충돌할 때는 모두의 학습과 성장을 우선할 것인가, 민아 한 사람의 편안함을 우선할 것인가 고민해봐야 합니다.

물론 정답은 없습니다. 다만 균형을 찾아야 합니다. 민아에게 기회를 주되, 작은 것부터 시작합니다. 민아가 견딜 수 있는 수준에서 조금씩 확장합니다. 모둠 발표나 짝 발표를 하는 식으로 말입니다. 이것이 가치관의 충돌을 다루는 방법입니다.

공정성과 형평성 사이에서 고민이 될 때도 있을 겁니다. 이를테면 준혁이는 ADHD 성향이 있습니다. 앉아 있기 힘들어하고, 수업 중에 자주 돌아다닙니다. 교사는 자연스레 준혁이에게 조금 더 많은 기회를 주게 됩니다. 한 번 더 봐주고, 조금 더 기다려줍니다. 그런데 다른 아이들이 말합니다. "선생님은 준혁이한테는 다 해주면서…"라고요. 말하자면 공평하지 않다는 것입니다. 이것은 공정성과 형평성의 충돌입니다.

모든 아이를 똑같이 대하는 것이 공평한가요? 아니면 각자의 필요에 맞게 다르게 대하는 것이 공평한가요? 교사는 설명해야 합니다. "준혁이한테 선생님이 필요하듯이, 너희도 어려운 게 있으면 선생님이 도와줄게. 그게 진짜 공평한 거야"처럼요. 완벽한 답은 아닙니다. 하지만 아이들에게 '공평함'이 무엇인지 생각하게 합니다.

또 하나 중요한 것은 나의 한계를 인정하는 것입니다. 교사는 학급의 모든 아이를 만족시킬 수 없습니다. 어떤 아이는 선생님이 엄격하다고 할 것이고, 어떤 아이는 선생님은 한쪽 편만 들어준다고 할 겁니다. 교사가 모든 문제를 해결할 수는 없습니다. 어떤 아이의 문제는 교사의 능력 밖입니다. 이럴 땐 전문가의 도움이 필요합니다.

사실 교사가 매일 최선을 다해도 어떤 날은 몸이 아플 수도 있고, 어떤 날은 개인적인 일로 마음이 힘들지도 모릅니다. 하지만 이런 날도, 저런 날도 괜찮습니다. 자신의 한계를 인정한다는 것은 포기가 아닙니다. 현실을 받아들이고, 그 안에서 최선을 다하는 것입니다. 완벽하지 않아도 괜찮습니다. 계속 배우고, 성장하고, 노력하면 됩니다.

힘들고 지칠 때면 이렇게 말해보세요.

"나는 완벽하지 않다. 실수도 하고, 화도 내고, 잘못된 판단도 한다. 하지만 나는 아이들을 위해 노력하고 있고, 아이들을 사랑한다. 그것으로 충분하다."

이 말을 자신에게 자주 해주세요. 교사도 사람입니다. 자신에게 엄격하되, 따뜻하기도 해야 합니다. 그래야 아이들에게도 부드러우면서 단호한 교사가 될 수 있습니다.

[마인드 리셋을 위한 체크 포인트]

매일 점검할 것들

☐ 오늘 나는 교육 전문가로서 자신감을 가지고 행동했나?

☐ 아이들의 이야기를 충분히 들었나?

☐ 오늘 집중하기로 한 것에 충실했나?

☐ 마음을 열고 유연하게 대응했나?

주간 점검할 것들

☐ 이번 주에 아이들과 대화한 내용 중 인상 깊었던 것은?

☐ 내가 흔들린 순간은 언제였고, 어떻게 대처했나?

☐ 다음 주에 더 집중할 부분은?

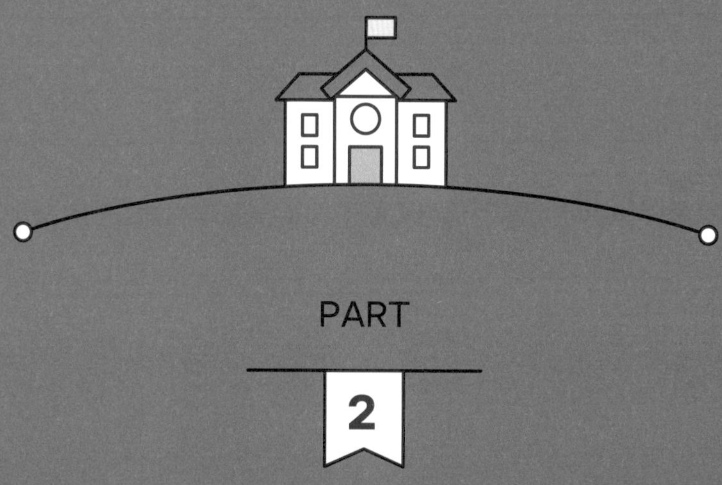

PART

2

평화로운 학급을 위한 기초 다지기

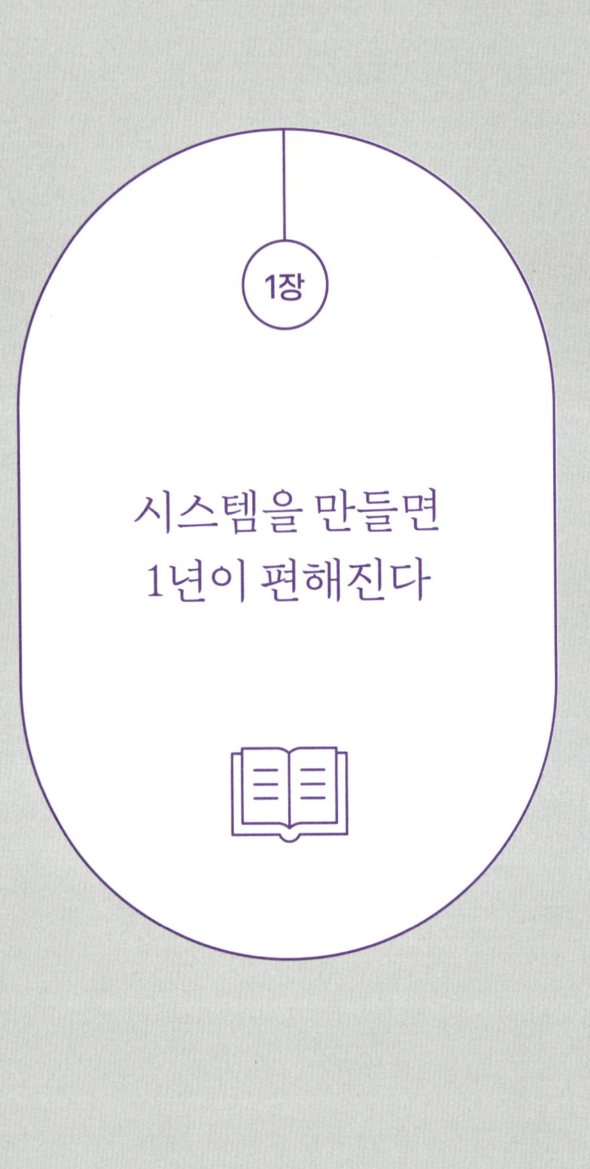

1장

시스템을 만들면 1년이 편해진다

질서 있는 공간을 만드는 3가지 원칙

학급을 정말 잘 운영하던 선배 선생님이 한 분 있었습니다. 가장 눈에 띈 건 아침에 가든, 점심에 가든, 퇴근 무렵에 가든 언제나 교실이 깔끔하다는 것이었습니다. 교실 어느 곳 하나 흐트러짐 없이 1년 내내 정돈된 모습에 늘 감탄하곤 했지요.

교실에 처음 발을 들여놓는 순간, 아이들은 이미 많은 것을 느낍니다. 어수선하고 어질러진 교실은 아이들의 마음도 산만하게 만들지만, 깔끔하게 정돈된 교실은 안정감을 줍니다. 부드러우면서 단호한 교사는 교실 환경부터 신경 씁니다. 따뜻함과 질서가 공존하는 공간을 만드는 것이 학급 경영의 시작이기 때문입니다.

물리적 환경을 잘 구축하는 법

✦

교실 환경은 크게 3가지 측면에서 접근하는 게 좋습니다. 첫째는 정리정돈입니다. 정리는 좋은 교실이 되는 마법입니다. 아이들에게 물건마다 정해진 자리를 알려주고, 사용한 후에는 제자리에 돌려놓는 습관을 길러주면 교실은 저절로 깨끗해집니다.

예를 들면 교과서는 책상 오른쪽에, 필통은 책상 왼쪽에, 가방은 의자 뒤에 거는 등 구체적인 위치를 정해줍니다. 이 위치가 애매하거나 알아서 하도록 내버려두면 아이들은 무엇을 어디에 둬야 할지 몰라 아무 데나 놓게 됩니다. 이 경우, 아이들 잘못이 아니라 위치를 정해주지 않은 교사의 잘못입니다.

둘째는 동선을 고려한 배치입니다. 아이들이 자주 사용하는 물건은 쉽게 꺼낼 수 있는 곳에 둡니다. 휴지는 교실 앞뒤에 비치하고, 분리수거함은 쓰레기통 바로 옆에 놓습니다. 학급 문고 코너는 비교적 조용한 교실 뒤편에, 모둠이 함께 모여 활동하는 공간은 교실 중앙에 마련합니다. 동선이 꼬이면 아이들끼리 부딪히고, 그 과정에서 불필요한 갈등이 생깁니다.

셋째는 시각적 편안함입니다. 교실 벽면에 이것저것 붙여놓으면 오히려 산만합니다. 꼭 필요한 약속, 규칙, 학교생활 규정 등을 제외하고는 연중 게시할 필요가 없는 것도 많습니다. 학생

작품도 일정 기간이 지나면 바로 치우는 게 좋습니다.

교실 게시판은 용도별로 나누어 한 달에 한 번씩 정리합니다. 학급 규칙, 시간표 등은 눈에 잘 띄는 곳에 크게 붙이고, 아이들 작품은 교실 뒤편에 전시합니다.

그 밖에도 형광등이 고장 나면 즉시 교체하고, 사물함도 경첩이 고장 나지 않았는지 확인해서 바로 수선합니다. 저는 개인용 공구 상자를 가지고 다니면서 사물함도 제가 고치고, 형광등도 직접 갈았습니다. 창문은 환기를 위해 수시로 엽니다. 밝고 쾌적한 교실에서 아이들은 집중력을 더 잘 발휘합니다.

깔끔한 교실 환경은 한 번에 만들어지지 않습니다. 매일 아침 10분, 하교 전 10분을 정리 시간으로 정합니다. 아침에는 책상 위를 정리하고 바닥에 떨어진 쓰레기를 줍습니다. 하교 전에는 의자를 책상 위에 올리고 자기 자리 주변을 깨끗이 청소합니다. 이 루틴이 자리 잡으면 교실은 늘 깔끔한 상태로 유지됩니다.

부드러우면서 단호한 교사는 정리를 강요하지 않습니다. 하지만 정리의 중요성을 꾸준히 알려줍니다.

"깨끗한 교실에서 공부하니까 기분이 어때?"라고 물으며 아이들이 스스로 정리정돈의 필요성을 느끼게 합니다. "왜 이렇게 더럽냐. 쓰레기 좀 주워라" 하고 잔소리하는 것보다는 우리 교실의 루틴으로 정해놓고, 매일 짧은 시간이라도 함께 정리정돈하는 시간을 만드는 게 중요합니다. 정리를 잘한 학생들은 잊지 않고 격려나 칭찬도 해야 하고요.

교실은 아이들이 하루의 대부분을 보내는 공간입니다. 교실이 편안하고 질서 있으면 아이들의 마음도 안정됩니다. 물리적 환경을 잘 구축하는 것. 그것이 부드러우면서 단호한 학급 경영의 첫걸음입니다.

실수해도 괜찮은 교실을 만들어라

깨끗하게 정리하며 물리적인 환경을 구축했다면, 심리적인 환경도 만들어야 합니다. 아이들이 진정으로 교실에서 편안함을 느끼려면 심리적으로도 안전하고 건강한 공간이어야 합니다. 여기서 말하는 심리적 안전이란 실수해도 괜찮고, 모르는 것을 물어봐도 괜찮으며, 내 생각을 말해도 비웃음당하지 않는다는 믿음입니다. 이런 믿음이 있는 교실에서 아이들은 비로소 자신을 드러내고 성장할 수 있습니다. 이런 교실에선 소심한 학생, 위축된 학생, 자존감 낮은 학생 모두 조금씩 성장하는 모습을 볼 수 있지요.

아이들의 마음을 여는 5가지 방법

✦

부드러우면서 단호한 교사는 학기 초부터 심리적 안전을 만드는 데 집중합니다. 가장 먼저 하는 일은 '실수는 배움의 기회'라는 메시지를 전하는 것입니다. 틀린 답을 말한 아이에게 "틀렸어"라고 하지 않고 "다르게 생각해볼까?"라고 묻는 식입니다. 수업 시간에 모르는 문제가 있어도 괜찮다고 하고, 오히려 "모른다고 솔직히 말하는 것이 용기야"라고 알려줍니다. 교사가 먼저 자신의 실수를 편하게 인정하는 모습을 보이면, 아이들도 실수를 두려워하지 않게 됩니다.

저는 "선생님은 너희들이 틀리기 때문에 먹고사는 직업이야. 너희가 틀려주면 난 더 열심히 가르칠 수 있어. 그러니까 마음 놓고 질문하고, 틀려도 돼. 그게 너희들에게 주어진 특권이야"라고 말해주곤 했습니다.

두 번째는 모든 아이를 공평하게 대하는 것입니다. 공부 잘하는 아이나 모범생들은 눈이 안 가려고 해도 저절로 관심이 가기 마련입니다. 눈에 띄고 말도 잘 들으니까요. 이 아이들은 늘 이런 식으로 관심을 받아왔기 때문에 오히려 당연한 듯 칭찬을 받는 경우가 많습니다. 하지만 나머지 아이들은 소외감을 느끼는 경우가 많습니다.

조용한 아이, 산만한 아이, 느린 아이 모두가 존중받는다고 느껴야 합니다. 가장 쉬운 방법은 모든 아이의 말을 끝까지 들어주는 것입니다. 발표를 잘하는 아이뿐 아니라 손을 들지 않는 아이에게도 기회를 줍니다. "민수도 생각이 있을 것 같은데, 한번 얘기해볼까?"라고 부드럽게 물으면, 아이는 부담스럽지 않게 이야기할 수 있고, 자신도 교실에서 존중받는다고 느낍니다.

세 번째는 아이들의 일상에 작은 관심을 보여주는 것입니다. "오늘 기분 좋아 보이네" "어제 아팠던 건 이제 괜찮아?" 같은 짧은 말 한마디도 아이에게는 큰 위로가 됩니다. 아침에 교실에 들어서며 아이들 얼굴을 한 명씩 살피고, 평소와 다른 모습이 보이면 쉬는 시간에 따로 불러 이야기 나누면 좋겠지요.

마음의 온도를 1도 더 높이는 이런 작고 시소한 대화 시도는 아이의 작은 변화도 알아차리고 인정해주는 데서 시작한답니다. "요즘 수학 숙제 성실하게 해오더라. 점점 학습 태도가 좋아지는 것 같아" "아까 체육 시간에 친구를 잘 도와주던데? 그 모습 참 멋졌어" 같은 구체적이고 적시적인 칭찬은 아이의 마음을 따뜻하게 합니다.

네 번째는 갈등을 건강하게 해결하는 문화를 만드는 것입니다. 그러기 위해서는 친구 사이에 다툼이 생겼을 때 교사가 일방적으로 훈계하는 대신, 먼저 양쪽의 이야기를 모두 들어줘야 합니다. 교사가 해결하면 빠르고 간편하지만, 아이들은 교실에서 건강한 갈등 해결에 대해서 배워야 합니다. 그래야 서로의 감정을 이해하고, 같은 문제가 또 발생하지 않습니다.

"네가 그랬을 때 친구는 어떤 기분이었을까?" "친구는 왜 그랬을 것 같아?" 같은 질문으로 공감 능력을 키워줍니다. 갈등 후에는 반드시 화해의 시간을 갖습니다. 어떤 점이 왜 잘못한 행동인지 생각해보게 하고, 그 부분을 구체적으로 짚어서 사과하게 합니다. 이렇게 사과하고 용서하는 경험이 쌓이면, 아이들은 관계를 회복하는 방법을 자연스레 배울 수 있습니다.

다섯 번째는 교사가 일관된 태도를 보여주는 것입니다. 부드러우면서 단호한 교사는 기분에 따라 반응이 달라지지 않습니다. 오늘 웃으며 넘어간 일을 내일 화내고 야단치면, 아이들은 혼란스러워합니다. '선생님이 어떤 기분일까?' 하고 눈치를 보게 되지요.

아이들의 이런 반응이 교사에겐 또 불편합니다. 괜히 어색하고, 잘못 화낸 것 같은 기분도 들지요. 저도 이 원리를 잘 모를 때는 화를 많이 내고 난 다음 교실 분위기가 경직되면, 괜한 농담을 하거나 말을 걸면서 아이들의 기분을 풀어주려고 애쓰곤 했지요.

이런 일관되지 않은 태도는 아이들에게 심리적으로 안전하지 않습니다. 어떤 상황에서도 교사가 예측 가능하게 반응해야 아이들도 마음 놓고 자신을 부드럽게 표현하는 방법을 배웁니다.

심리적으로 안전한 교실은 하루아침에 만들어지지 않습니다. 매일의 작은 말과 행동이 쌓여 신뢰가 됩니다. 아이들이 '우리 반에서는 내가 나여도 괜찮아'라고 느낄 때, 비로소 진짜 배움이 시작됩니다.

2주면 교실이 알아서 돌아간다

아이들은 예측할 수 없는 상황을 불안해합니다. 오늘은 이렇게 하다가 내일은 저렇게 하고, 교사의 기분에 따라 일과가 바뀌면 아이들은 곧바로 불안정해집니다. 아이들이 불안정해지면 교실도 어수선해지고, 교사도 뭔가 제대로 안 돌아가는 느낌이 듭니다. 반대로 매일 같은 패턴이 반복되면 아이들은 안정감을 느끼고, 스스로 무엇을 해야 할지 알게 됩니다. '이땐 이걸 하고, 저땐 저걸 한다.' 이걸 정확하게 아는 것만으로도 교실은 질서가 잡히기 시작합니다. 이것이 바로 루틴의 힘입니다.

아이 스스로 할 수 있어야 한다

✦

부드러우면서 단호한 교사는 학기 초부터 명확한 루틴을 만듭니다. 이를테면 아침에 교실에 들어오면 무엇을 하는지, 신발장에 신발은 어떻게 정리하는지, 수업 시작 전에는 무엇을 준비해야 하는지, 수업 시간에는 공책을 어떻게 필기하는지, 쉬는 시간과 점심시간은 어떻게 보내는지, 하교 전에는 무엇을 확인하고 어떤 일을 해야 하는지 모두 정해져 있습니다. 그것도 헷갈리거나 헤매지 않고 누구나 따라 하기 쉽게 말입니다.

부드러우면서 단호한 교사는 이렇게 합니다. 처음 2주간은 매일 같은 방식으로 반복하며 지도해서 모든 아이가 몸으로 루틴을 익히게 합니다. 특히 말로만 설명하지 않고 함께 해봅니다. 예를 들어 신발장에 신발을 어떻게 정리하는지 직접 시범을 보이는 식입니다. 딴짓하는 아이에겐 잔소리하지 않고, 대신 "자, 이제 아침 시간이야. 무엇을 해야 하지?" 하고 묻습니다. 직접 가르쳐주기보다 스스로 기억하게 돕는 것이지요.

초반에는 이렇게 자주 물어봐야 합니다. "쉬는 시간엔 뭐 해야 하지?" "집에 가기 전에 사물함은 어떻게 하기로 했지?" 같은 질문을 수시로 던지세요. 나중엔 아이들도 따라서 합니다. "선생님이 준비물을 어떻게 하랬더라?" 하면서 혼잣말처럼 기억을 되뇌게 됩니다.

공부, 독서, 운동 습관 잡기도 루틴의 일부로 만들면 간단하게 해결됩니다. 매일 같은 시간에 같은 활동을 하면 습관이 됩니다. 아침 10분은 독서 시간, 점심 먹고 나면 운동장에서 공놀이나 줄넘기를 하는 시간, 하교 전 10분은 오늘 배운 것을 정리하는 시간으로 정합니다. 처음에는 아이들이 자주 잊어버리지만, 2주만 지나면 '아, 이제 독서하는 시간이지?' 하며 스스로 책을 꺼냅니다.

저는 셀프 학습 체크리스트 같은 플래너를 학급에서 활용했습니다. 독서, 운동, 공부 등 꼭 해야 할 일과를 스스로 확인하고 점검하는 습관을 들이게 한 것입니다. 그 결과는 정말 놀라웠습니다. 아이들은 해야 할 일을 스스로 찾아서 했고, 학부모들은 아이의 달라진 모습에 감탄했으니까요.

교사의 큰소리가 사라지는 루틴의 힘

이런 습관과 루틴을 만들 때 중요한 것은 간결함입니다. 너무 복잡하면 안 됩니다. 아이들도 교사도 헷갈립니다. 핵심적으로 꼭 지켜야 할 3~4가지만 정하고 완전히 자리 잡을 때까지 반복합니다.

첫째, 아침 루틴입니다. 교실에 들어오면 가방을 정리하고, 10분간 독서합니다.

둘째, 수업 시작 루틴입니다. 종이 울리면 자리에 앉아 교과서와 필기도구를 꺼내고 조용히 기다립니다.

셋째, 정리 루틴입니다. 수업이 끝나면 자기 자리 주변을 정리하고 다음 시간을 준비합니다.

넷째, 하교 루틴입니다. 의자를 책상 안쪽으로 집어넣고, 알림장을 확인하고, 내일 준비물을 챙겼는지 스스로 점검합니다.

루틴이 자리 잡으면 교사가 일일이 지시하지 않아도 교실이 돌아갑니다. 아이들은 다음에 무엇을 해야 할지 알기 때문에 불안해하지 않습니다. 교사는 큰소리로 통제할 필요가 없어지고, 수업과 생활 지도에 집중할 수 있습니다.

물론 매일 똑같으면 재미없거나 지루하게 느낄 수도 있습니다. 이럴 땐 핵심이 되는 큰 틀은 유지하되 작은 변화를 줍니다. 금요일 아침 독서 시간에는 친구에게 책을 소개하는 시간을 갖거나, 한 달에 한 번은 아침 루틴 대신 책 속 보물찾기, 마니또에게 편지 쓰기 같은 특별 활동을 합니다. 충분히 예측 가능하지만, 그 안에서 작은 변화를 주면 아이들은 놀라면서도 재미있어합니다. 이것이 부드러우면서 단호한 교사의 루틴 운영 방식입니다.

루틴은 아이들뿐 아니라 교사에게도 도움이 됩니다. 매일 새로운 방식을 고민할 필요 없이 정해진 흐름대로 하면 되기 때문입니다. 교사의 에너지는 절약되고, 그 에너지를 아이들 개

개인에게 쏟을 수 있습니다. 예측 가능한 일과와 루틴. 어렵지 않지만 익숙해지면 얼마나 놀라운 힘인지 교사가 먼저 느끼게 될 것입니다. 이것이 바로 안정적인 학급 경영의 기초입니다.

[셀프 학습 체크리스트 예시]

<table>
<tr><td>날짜</td><td>목(6 /23)</td><td>금(6 /24)</td><td colspan="2">나의 반성</td></tr>
<tr><td>공부</td><td>1. 국어 문제집 3장 풀기</td><td>1. 사회 문제집 3장 풀기
2. 영어 숙제 다 하고 월요일 거 예습하기</td><td colspan="2" rowspan="3">운동 부분과
독서 부분이
잘 되지 않았다.
꾸준히
운동해야겠다.</td></tr>
<tr><td>확인</td><td>○ △ ×</td><td>○ △ ×</td></tr>
<tr><td>독서</td><td>《버킷리스트》
140쪽까지 읽기</td><td>《버킷리스트》
160쪽까지 읽기</td></tr>
<tr><td>확인</td><td>○ △ ×</td><td>○ △ ×</td><td>부모님 확인</td><td>선생님 확인</td></tr>
<tr><td>운동</td><td>줄넘기 500개 하기</td><td>학교에서 500m 달리기</td><td rowspan="2">사인</td><td rowspan="2">사인</td></tr>
<tr><td>확인</td><td>○ △ ×</td><td>○ △ ×</td></tr>
</table>

<table>
<tr><td>날짜</td><td>목(7 / 14)</td><td>금(7 / 15)</td><td colspan="2">나의 반성</td></tr>
<tr><td>공부</td><td>1. 영어 듣기
2. 학습지 수정
3. 수학 문제집 풀기</td><td>1. 영어 테스트
2. 학습지 수정
3. 수학 문제집 체크</td><td colspan="2" rowspan="3">하루마다 못 한 게
하나씩은 있었다.
다음 주에는
다 할 수 있도록
열심히 해야겠다.</td></tr>
<tr><td>확인</td><td>○ △ ×</td><td>○ △ ×</td></tr>
<tr><td>독서</td><td>《파우스트》</td><td>《지성이와 감천이》</td></tr>
<tr><td>확인</td><td>○ △ ×</td><td>○ △ ×</td><td>부모님 확인</td><td>선생님 확인</td></tr>
<tr><td>운동</td><td>왕복 달리기</td><td>줄넘기</td><td rowspan="2">7/16
밀리지 않게
시간 아껴서
꼼꼼히 하기</td><td rowspan="2">사인</td></tr>
<tr><td>확인</td><td>○ △ ×</td><td>○ △ ×</td></tr>
</table>

[셀프 학습 체크리스트 양식]

날짜	월(　/　)	화(　/　)	수(　/　)
공부			
확인	○ △ ×	○ △ ×	○ △ ×
독서			
확인	○ △ ×	○ △ ×	○ △ ×
운동			
확인	○ △ ×	○ △ ×	○ △ ×

<table>
<tr><th>날짜</th><th>목(　/　)</th><th>금(　/　)</th><th colspan="2">나의 반성</th></tr>
<tr><td>공부</td><td></td><td></td><td colspan="2" rowspan="3"></td></tr>
<tr><td>확인</td><td>○ △ ×</td><td>○ △ ×</td></tr>
<tr><td>독서</td><td></td><td></td></tr>
<tr><td>확인</td><td>○ △ ×</td><td>○ △ ×</td><td>부모님 확인</td><td>선생님 확인</td></tr>
<tr><td>운동</td><td></td><td></td><td rowspan="2"></td><td rowspan="2"></td></tr>
<tr><td>확인</td><td>○ △ ×</td><td>○ △ ×</td></tr>
</table>

딱 3가지 규칙이면 충분하다

많은 교사가 학기 초에 학급 규칙을 정합니다. 그런데 교사 혼자 정한 규칙은 잘 지켜지지 않습니다. 아이들은 자신이 만들지 않은 규칙을 남의 일처럼 여기기 때문입니다. 부드러우면서 단호한 교사는 '규칙'보다 '약속'이라는 표현을 씁니다. 규칙은 일방적으로 지켜야 하는 것에 가깝지만, 약속은 서로 합의한 것입니다. 이 작은 차이가 아이들의 태도를 바꿉니다.

부드러우면서 단호한 교사는 학기 첫날, 아이들에게 이렇게 묻습니다.

"우리 반이 어떤 반이었으면 좋겠어?"

"너희가 꿈꾸는 정말 멋지고 좋은 반은 어떤 반이니?"

아이들은 저마다 의견을 냅니다. “친구들이 사이좋게 지내는 반이요” “공부에 집중할 수 있는 반이요” “재미있게 놀 수 있는 반이요” 같은 다양한 답이 나옵니다. 교사는 이 답들을 칠판에 적으며 정리합니다. 그리고 다시 묻습니다. “그럼 그런 반이 되려면 우리가 어떻게 행동해야 할까? 함께 약속을 정해보자. 꼭 지켜야 한다고 생각하는 약속을 말해보는 거야.” 이렇게 말입니다.

아이들과 함께 약속을 하나하나 만들어가는 과정이 중요합니다. “친구와 사이좋게 지내려면?” 하고 물으면 아이들은 “욕하지 않기” “친구 물건 허락 없이 만지지 않기” “친구가 싫다고 하면 그만하기” 같은 구체적인 행동을 말합니다. 의견이 잘 모이지 않으면 교사가 힌트를 줘도 좋습니다. “전에 선생님이 가르쳤던 반에서는 욕하는 것 때문에 서로 사이가 나빠지는 친구들도 있던데?”처럼요.

강요가 아닌 합의, 처벌이 아닌 배움

✦

교사는 아이들의 의견들을 모아 3가지 핵심 약속으로 정리합니다. 너무 많으면 안 됩니다. 기억하기 어렵기 때문입니다.

학급 규칙은 기본적으로 명확하고 누구나 이해할 수 있을 만큼 간결해야 합니다. 첫째, 서로 존중하기입니다. 말과 행동으로 친구나 선생님을 다치게 하지 않아야 합니다. 여기에 교사까지 추가하는 이유는 충분히 짐작하시리라 믿습니다. 둘째, 배움에 집중하기입니다. 수업 시간에는 선생님과 친구의 말을 귀 기울여 듣습니다. 친구의 말을 끝까지 듣기, 친구가 말할 때 가로채지 않기, 중간에 끼어들거나 자르지 않기 등 구체적으로 예시를 들어줘야 합니다. 셋째, 함께 책임지기입니다. 내 물건뿐 아니라 교실의 물건과 공간도 소중히 다룹니다.

이 3가지 크고 핵심적인 틀 안에서 구체적인 약속들이 파생되는 것입니다. 숙제 잘 해오기, 준비물 잘 갖추기, 집에 갈 때 자기 자리 정리하기 등이 바로 그런 예입니다.

약속을 정했다면 모두가 서명합니다. 교사도 함께 서명하고 "선생님도 이 약속을 지키겠습니다"라고 말합니다. 약속은 교사와 학생이 함께 지켜야 하는 것임을 보여주는 것이지요. 서명한 약속 판을 교실 앞쪽 잘 보이는 곳에 붙입니다. 누군가 약속을 어겼을 때 "우리가 함께 정한 약속 기억나지?" 하고 부드럽게 상기시킬 수 있습니다.

특히 학교생활 규정에 나오지 않은 학급 규칙을 정하면 안 됩니다. 학급 규칙이라고 해서 마음대로 하는 게 아니라, 생활 규정이라는 학교에서 정한 크고 중요한 핵심 약속들을 우선해야 한다는 것도 함께 설명해줘야 합니다.

이때 특히 중요한 것은 약속을 지키지 않았을 때의 대응입니다. 부드러우면서 단호한 교사는 화를 내거나 큰소리치지 않습니다. 대신 "무슨 일이 있었어? 구체적으로 자세하게 얘기해 볼까?" "약속을 지키기 어려웠던 이유가 있었니?" 하고 먼저 아이들의 의견을 듣습니다. 그리고 "다음에는 어떻게 하면 좋을까?" "이런 일이 안 생기려면 어떤 식으로 행동해야 할까?" 하고 함께 생각합니다. 약속을 어긴 것에 대한 자연스러운 결과는 있지만, 그것은 처벌이 아니라 배움의 기회입니다.

약속은 고정된 것이 아닙니다. 상황에 따라 달라질 수 있습니다. 유연하되, 원칙을 지키려는 마음을 가지면 됩니다. 한 달에 한 번씩 학급 회의 시간에 다음 3가지를 점검하면 좋습니다.

우리 약속이 잘 지켜지고 있을까?

예) 매일 점심시간에 모여서 모둠 독서를 하기로 했지만, 잘 실천되지 않고 있다.

고쳐야 할 약속이 있을까?

예) 아이들이 대부분 놀러 나가고, 교실에서 책 읽는 친구가 거의 없어서 이 약속은 고쳐야 할 것 같다.

새로 추가할 약속이 있을까?

예) 점심에 모여 책을 읽기보다 시간을 따로 정하는 게 좋을 것 같다.

아이들과 함께 어떤 것을 지키고, 어떤 것을 고치고, 어떤 것을 추가할지 충분히 논의하고 협의해보세요. 이런 질문을 함께 나누는 과정에서 아이들은 어떤 일을 직접 실천하고 고민해야 할지 민주적인 의사 결정 방법을 배울 수 있습니다.

아이들이 직접 약속을 만들고 점검하는 과정에서 약속은 진짜 '우리 모두의 것'이 됩니다. 내 것이 되면, 너는 지키고 나는 구경한다는 식의 약속을 남의 것으로 대하는 태도가 사라집니다. 규칙이 아닌 약속, 강요가 아닌 합의, 처벌이 아닌 배움. 이것이 부드러우면서 단호한 교실 문화를 만드는 핵심입니다.

2장

신뢰받는 교사는 무엇이 다른가

첫날의 약속이 1년을 결정한다

새 학기 첫날은 교사만큼이나 아이들도 긴장한 채 학교에 옵니다. 아이들이 교사의 말을 가장 주의 깊게 듣는 이날, 교사가 생각하는 가장 중요한 약속을 진지하게 전달하면 좋습니다. 마치 대통령이 신년사를 발표하듯이 말입니다.

부드러우면서 단호한 교사는 첫날부터 2가지를 분명히 전달합니다. 하나는 '부드러움'입니다. 이전까지의 아이들의 모습은 중요하지 않습니다. '너를 환영한다. 너는 우리 교실에선 모든 걸 새롭게 시작할 수 있다'라는 메시지를 분명하게 전합니다. 다른 하나는 '단호함'입니다. 교사로서 꼭 전하고 싶었던 중요한 메시지를 여기서 전달합니다. 이 교실에는 분명한 약속과 기준이 있다는 확신을 줍니다.

가끔 어떤 교사는 새 학기엔 학생들을 꽉 잡는 게 중요하다고 말합니다. 저도 예전에 많이 들었던 말이고요. 하지만 학생들은 스프링과 비슷합니다. 처음에야 누르는 대로 눌릴지 몰라도, 언젠가는 반드시 튀어 오르게 됩니다. 교사가 학생을 믿어줄 때 진정으로 멋진 학급이 만들어진다는 것을 잊지 마세요.

교사와 학생이 함께 정하는 약속을 바탕으로 학급이 운영되고, 이러한 큰 틀을 지키는 것 외에는 자유롭게 행동하는 구조를 만들어보세요. 그 속에서 학급이 운영되면 교사와 학생 모두가 즐겁고 신나는 학교생활을 할 수 있습니다.

첫날 아이들은 다양한 감정을 느낍니다. 설렘, 기대, 불안, 두려움이 뒤섞여 있지요. 이런 아이들에게 '이 선생님은 나를 믿어주는구나' '여기서 나는 이전과 다른 모습으로 새롭게 시작할 수 있구나'라는 느낌을 주는 것이 가장 중요합니다.

아침 시간 이름 외우기의 마법

✦

저는 새 학기가 시작되는 날 학생들 앞에서 단 한 시간 만에 이름을 모두 외우곤 했습니다. 이름을 쉽게 외우는 데에도 방법이 있습니다. 학생 명부를 확인해서 이름만 미리 외워두는 겁니다. 김수진, 김성범, 노규민, 도하라…. 이렇게 이름만 외웠다가, 첫날 학생의 이름과 얼굴을 매칭합니다.

“아, 네가 김성범이구나. 선생님은 네가 어떤 아이인지 궁금했어. 인상이 좋구나.”

“네가 노규민이니? 아침에 일찍 온 걸 보니 정말 부지런한 어린이구나.”

이미 이름을 외웠기 때문에 생각보다 수월하게 얼굴과 매칭할 수 있습니다. 사실 학생들은 교사가 자신의 이름을 첫날부터 외울 거라고 전혀 기대하지 않습니다. 대부분의 교사가 아이들의 이름을 다 외우는 데 2주 넘게 걸리기 때문입니다. 교사가 첫날부터 아이들의 이름과 얼굴을 외우고 있다는 것만으로도 교사에 대한 첫인상이 눈에 띄게 좋아집니다. ‘선생님이 나를 이미 알고 계시네’ ‘나에게 관심이 있으시구나’라는 메시지가 전달됩니다.

1교시 선생님이 좋아하는 어린이

✦

첫날 1교시는 앞으로 1년을 시작하는 중요한 시간입니다. 교사가 좋아하는 어린이에 대해 명확하게 이야기합니다. 예의 바른 어린이, 정직한 어린이, 남을 돕는 어린이 등 평소에 중요하게 생각했던 것을 말합니다.

특히 이것을 강조합니다. “공부를 잘하거나 못하거나 상관

없이 이런 부분을 노력한다면 누구나 고르게 사랑할 것"이라고 분명하게 밝힙니다. 이 말을 들을 때 공부에 자신 없는 학생들의 얼굴이 부쩍 밝아집니다.

"예전에는 말썽꾸러기였어도 작년의 일은 상관없으니까, 선생님은 그 어떤 어린이라도 새롭게 시작하면 다 이해하고 사랑할 거야."

이 말은 전에 교사에게 자주 혼났던 아이들에게는 몹시 희망적인 메시지입니다. 과거는 중요하지 않다, 지금부터가 중요하다는 확신을 주세요. 아이 스스로 달라지고 싶다는 희망을 품고, 노력하게 만드는 터닝 포인트가 됩니다.

교사가 싫어하는 어린이에 대해서도 분명하게 이야기합니다. 이것은 잘못된 일에 대해서는 분명하게 선을 그을 것이라는 의사 표시입니다. 부드러우면서도 단호한 카리스마는 바로 여기서 나옵니다.

부드러우면서 단호한 교사는 하지 말아야 할 것에 대해 분명하게 선을 긋습니다. 학생들의 의견에 늘 주의 깊게 귀를 기울이되, 해도 되는 것과 하면 안 되는 것에 대해 교사 자신의 교육관을 바로 세웁니다.

저는 새 학기 첫날 제가 가르쳤던 이전 학생들이 미리 써둔 편지를 읽게 했습니다. 이 편지를 준비하는 이유는 아이들에게 '세상에 하나밖에 없는 우리 반'에 대한 자긍심을 갖게 하는 것은 물론이고, 학급 운영에 대해 교사가 일일이 설명하지 않아도 되기 때문입니다.

선배가 후배에게 주는 편지라고 소개하고 편지를 나눠주면 우리 반의 학급 운영에 대한 아이들의 호기심이 하늘을 찌를 듯 높아집니다. 서로 얼굴도 모르지만 같은 교사에게 배웠다는 공통분모를 가진 선배, 후배가 생겨나는 순간입니다.

편지를 읽어볼 시간을 충분히 준 뒤 다시 걷습니다. 편지가 기수별로 차곡차곡 쌓이면 우리 반의 역사가 됩니다. 학년의 마지막 날은 다음 기수 후배들에게 보내는 편지를 작성하도록 합니다. 이 편지를 읽은 아이들은 자연스럽게 우리 반의 문화를 이해하고, 선배들이 만들어온 전통의 일부가 되고 싶어 합니다.

2교시 아이스 브레이킹으로 긴장 풀기

✦

첫날은 학생도 교사도 긴장하기 마련입니다. 교사가 학생들의 긴장을 풀어주고, 학생들과 함께 행복한 1년을 지내길 바라는 마음을 보여줄 수 있는 편안한 시간이 있어야 합니다. 이름 빙고나 EQ 출석 부르기 같은 가벼운 놀이면 충분합니다. 저는 수업에 자주 쓰는 집중 구호나 기본 박수 등을 지도하기도 했습니다.

EQ 출석 부르기란 교사가 아이들의 이름을 부르면, 아이들이 자신의 감정 상태를 숫자로 대답하는 것입니다. 기분이 안 좋은 경우를 1, 기분이 좋은 경우를 5로 보고 각자 자신의 감정 상태가 어느 수준인지를 숫자로 표현합니다. "3입니다"라고 답하면 "왜 3인지 말해볼까?"라고 물으며 아이의 마음을 들여다봅니다.

이름 빙고는 9칸이나 16칸 용지를 준비해 돌아다니면서 자유롭게 친구들 이름을 적는 놀이입니다. 될 수 있으면 전년도에 같은 반이 아니었던 친구를 적게 하고, 돌아다니지 않고 조용히 앉아 있는 어린이가 누군지 유심히 살펴둡니다. 보통 이런 학생은 소극적인 편이라, 먼저 다가가서 몇 마디 따뜻한 말을 건네는 것이 좋습니다.

집중 구호는 몇 개만 있어도 충분합니다. 수업에서 쓸 집중 구호나 박수 한두 가지만 정해서 연습합니다. 침묵 신호, 집중 박수, 반 이름 대기 박수 정도면 충분합니다. 구호가 길거나 복잡하면 좋지 않습니다. 수업의 흐름을 깨지 않는 선에서 간단하게 사용합니다.

3교시 잘 듣고, 바르게 말하기

✦

주의 깊게 듣기는 모든 학년에서 지도가 필요합니다. 듣기에는 3단계가 있습니다. 귀로만 건성으로 듣는 것이 1단계, 상대방을 보면서 듣는 것이 2단계, 가슴으로 듣는 것이 3단계입니다. 공부를 잘하는 학생은 대부분 눈으로 교사를 좇습니다. 이 부분을 강조해서 이야기하고 눈으로 항상 선생님을 좇도록 지도합니다. 듣기를 끈질기게 지도하면 교실은 금세 평화로워집니다. 수업을 본격적으로 시작하기에 앞서 꼭 지도해보세요.

듣기 못지않게 중요한 게 말하기입니다. 듣고 말하는 것은 짝꿍이고 세트입니다. 말을 지도하지 않고 행동을 지도할 수 없습니다. 행동을 지도하지 않고 교실이 평화로워질 수도 없습니다. 말, 행동, 성격, 공동체가 모두 유기적으로 연계되어 있습니다.

지도는 새 학기 첫날부터 꾸준히 이뤄져야 합니다. 고운 말 지킴이를 찾아서 칭찬하는 방법도 좋고, 일주일에 한 번씩 '칭찬 샤워'를 하는 것도 좋습니다. 마치 샤워하듯이 칭찬의 말을 한 아이에게 해주는 것이지요. 친구에게 들었던 기분 좋고 행복했던 말을 돌아가면서 해보게 하고, 반대로 싫었던 말도 떠올려보게 합니다. 새 학기 첫날이니, 앞으로는 고운 말만 쓰자고 약속해도 좋겠지요. 성을 빼고 이름만 부르는 걸 실천해봐도 좋습니다. "야" "김○○"처럼 부르는 게 아니라 이름만 다정하게 부르게 합니다. 교사도 아이들을 "○○야" 하고 부릅니다. 성만 뺐을 뿐인데도 교실 분위기가 부드러워집니다.

시간이 남는다면 줄 서기도 연습합니다. 교실 뒤편에서 번

호대로 줄을 섭니다. 첫날이라 자신이 몇 번인지 헷갈리는 아이도 많으니 여러 번 연습하는 게 좋습니다. 익숙해지면 번호 순대로 서서 급식실까지 이동해서 점심 급식을 합니다.

이동할 때는 떠들거나 소리 지르지 않고 줄을 이탈하지 않게 미리 약속합니다. "줄은 약속이고, 선생님은 우리 반이 약속을 잘 지킬 거라고 믿어. 만약 줄에서 이탈하거나 새치기하는 어린이가 있으면 맨 뒤로 보낼 거야"라고 출발 전에 미리 알려줍니다.

이때 줄을 서지 않고 친구들과 장난치고 노는 아이가 있을 수 있습니다. 처음이니까 오늘은 봐주자 하는 식으로 눈감아주면 다음 날도, 그다음 날도 아이들은 줄을 스스로 서지 않습니다. 이런 아이에겐 짧고 낮은 목소리로 "줄을 서 있을 땐 어떻게 하기로 했지?"처럼 아이가 해야 할 일을 짚어주세요.

하교 전 안내문 전달하기

✦

집에 가기 전에는 아이들에게 하루 내내 설명한 내용을 간단한 생활 안내문으로 작성한 인쇄물을 나눠줍니다. 집에서 충분히 읽어오도록 하며, 준비물은 함께 읽으면서 설명해줍니다. 새 학기에는 가정 통신문이 여러 장 나가기 때문에 학급에서 전달하려는 내용이 있으면 이때 함께 보내면 됩니다.

첫날의 작은 약속이 끝까지 갑니다. 단호할 때는 단호하게 지도합니다. 단호한 것과 아이들을 '꽉 잡는' 것은 전혀 다릅니다. 단호한 것은 해도 되는 것과 안 되는 것 사이의 경계를 세우고, 교사의 지시를 따르게 하는 것입니다. 꽉 잡는 것은 구체적인 설명이나 지도 없이 강제하는 것입니다. 교사의 기분에 따라 달라지지 않는 일관성이 신뢰의 토대입니다. 일관되면 예측할 수 있고, 예측할 수 있으면 혼란스러워지지 않습니다. 교실에 안정과 질서가 찾아오죠.

첫날은 시작일 뿐입니다. 교사와 학생 사이의 신뢰는 하루아침에 만들어지지 않습니다. 교사가 이때 보인 태도를 매일 일관되게 유지하는 것이 중요합니다. "내일 ○○해줄게" "다음에 ○○하자" 같은 작은 약속도 반드시 지켜야 합니다. 아이들은 선생님이 말한 것을 실제로 행동에 옮기는지 기억하고, 지켜보고 있습니다.

부드러우면서 단호한 교사는 아이들이 잘해줄 거라는 희망을 품되, 중요한 약속은 일관되게 지킵니다. 새 학기 첫날 신뢰의 첫 단추를 끼우고, 매일 그 신뢰를 조금씩 더 단단하게 만들어갑니다.

관찰하고, 대화하고, 기록하라

한 교실에는 스무 명이 넘는 아이들이 있습니다. 저마다 다른 성격, 다른 환경, 다른 속도로 자랍니다. 저는 국립 부설 초등학교에서 근무하는 동안 학생을 한 명 한 명 관찰하는 것이 얼마나 큰 힘을 갖는지 경험했습니다. 교사가 가장 노력하고 고민해야 할 부분이라고도 생각합니다.

부드러우면서 단호한 교사는 무엇보다 아이들을 '우리 반 학생들'이라는 하나의 덩어리로 보지 않습니다. 한 명 한 명을 개별적인 존재로 봅니다. 개별 아이를 이해한다는 것은 그 아이만의 고유한 특성, 강점, 어려움을 알아가는 과정입니다. 이런 개별적 특성을 이해하면 같은 행동에도 어떤 아이에게는 부드럽게, 어떤 아이에게는 단호하게 대응할 수 있습니다. 이것이 진정한 공평입니다.

깊게 관찰하고 변화 알아채기

✦

부드러우면서 단호한 교사의 가장 중요한 기술은 관찰입니다. 아이들을 보되, 그냥 보는 것이 아니라 '주의 깊게' 봅니다. 아이를 주의 깊게 보기 위해서는 일상에서도, 수업에서도, 대화에서도 예민하고 섬세하게 관찰해야 합니다.

아침에 교실에 들어올 때 아이의 표정을 봅니다. 쉬는 시간에 누구와 노는지, 수업 시간에 언제 집중하고 언제 딴짓을 하는지, 어떤 과목을 좋아하고 어떤 과목을 싫어하는지. 이런 관찰은 특별한 시간을 내서 각 잡고 하는 것이 아닙니다. 아침 자습을 하는 모습을 보면서, 수업을 하면서, 줄을 서서 급식실로 이동하면서, 교과 전담 선생님에게 아이 이야기를 들으면서 자연스럽게 이루어집니다.

저는 "아이의 행동에는 그 나름의 이유가 다 있다"라는 말을 자주 합니다. 실제로 그렇답니다. 아이를 관찰할 때 가장 중요한 것은 '변화'를 포착하는 것입니다. 평소와 다른 모습이 보일 때를 놓치면 안 됩니다. 그것이 신호이기 때문입니다. 늘 밝던 아이가 며칠째 조용하다면, 늘 과제를 잘 해오던 아이가 며

칠째 안 해온다면, 거기에는 반드시 그만한 이유가 있습니다.

그렇다고 해서 모든 아이를 매일 관찰할 필요는 없습니다. 매일 몇 명씩만 유심히 살펴보면 됩니다. 오늘은 1번부터 5번까지, 내일은 6번부터 10번까지. 이렇게 돌아가면 한 달에 한 번씩은 모든 아이를 주의 깊게 볼 수 있습니다.

관찰한 것을 간단하게라도 기록합니다. 머릿속으로만 기억하면 금방 잊어버립니다. 학급 일지 한 귀퉁이, 수첩, 휴대폰 메모장 등 어디든 좋습니다.

- **민재**: 요즘 잘 안 웃음, 집에 무슨 일 있나?
- **지우**: 수학 시간만 되면 화장실, 수학 불안?

이 정도만 간단하게 적어놓아도 충분합니다. 이런 기록이 쌓이면 아이의 패턴이 보입니다. 심리학에서는 이를 '행동의 맥락 이해(Contextual Understanding)'라고 합니다. 단순히 문제를 일으키는 행동만 보는 것이 아니라, 언제, 어디서, 무엇 때문에 그런 행동이 나타나는지 패턴을 파악하는 것입니다.

쉬운 예로 아이가 수학 시간마다 화장실을 간다면, 이것은 단순한 생리 현상이 아니라 수학에 대한 불안을 회피하는 행동일 수 있습니다. 이런 행동의 맥락을 이해하면 근본적인 원인에 접근할 수 있지요.

학부모 상담을 할 때도, 문제 상황이 생겼을 때도, 이 기록들은 교사에게 큰 도움이 됩니다. 특히 학부모 상담에서 객관적이고 구체적인 기록 없이 이야기해선 안 됩니다. 충분한 기록이 좋은 설명으로 쓰인다는 점, 꼭 기억했으면 합니다.

대화, 아이의 마음으로 들어가는 문

✦

관찰만으로는 부족한 부분이 있다는 걸 느끼실 겁니다. 아이의 속마음까지 다 알 수는 없으니까요. 겉으로 보이는 행동 뒤에 숨은 진짜 이유도 있기 마련입니다. 그 이유를 알려면 결국 속 깊은 대화가 필요합니다.

부드러우면서 단호한 교사는 정기적으로 아이들과 일대일 대화 시간을 갖습니다. 쉬는 시간, 점심시간, 하교 전 5분을 이용하지요. "요즘 학교생활 어때?" "친구들이랑은 잘 지내?" "뭐가 제일 재밌어?" "급식은 뭐가 제일 맛있어?" 같은 일상적인 질문들입니다. 처음에는 아이가 "그냥요" "괜찮아요"라고 대답할 수 있습니다. 하지만 이런 대화가 반복되면 신뢰가 쌓이고 아이들도 자기 속마음을 슬며시 꺼내놓는답니다.

대화에서 중요한 것은 말하기보다 듣기입니다. 부드러우면서 단호한 교사는 아이가 말할 때 끼어들지 않고, 평가하지도 않습니다. 아무 조건 없이, 그냥, 귀 기울여 들어줍니다. 아이의 말에 고개를 끄덕이며, 눈을 맞추며, "그랬구나" "힘들었겠다" 같은 짧은 반응만 해도 아이에겐 이미 충분한 위로와 격려가 됩니다.

아이들이 진짜 원하는 것은 대부분 해결책이 아닙니다. 자기 말을 주의 깊게 들어주는 누군가입니다.

행동의 배경이 보이는 질문의 기술

때로는 질문으로 아이의 생각을 끌어내야 합니다. 다그치거나 심문하듯 캐묻는 것 말고, 열린 질문을 사용하면 됩니다. 예를 들어 "왜 숙제 안 했어?" 대신 "숙제하는 게 어떤 점이 힘들었어?"가 아이의 마음을 들여다보기엔 훨씬 좋은 질문입니다. "친구랑 왜 싸웠어?" 대신 "그때 무슨 일이 있었어?" "그 순간 어떤 마음이 들었니?"처럼 묻는 것이 아이에게 자기 감정과 상황을 설명할 기회를 주는 질문입니다. 이런 질문을 통해 아이를 더 깊이 이해할 수 있지요.

학기 초에 배부한 아동 기초 조사서는 아이를 이해하는 귀중한 자료입니다. 아이가 좋아하는 것, 싫어하는 것, 특별히 주의해야 할 건강 상태나 가정 환경 등이 적혀 있습니다. 이 정보를 바탕으로 아이에게 관심을 표현할 수 있습니다. "지수 야구 좋아한다며? 요즘 어느 팀 응원해? 선생님은 ○○팀이 좋던데…" 같은 말 한마디가 아이에게는 '선생님이 나를 기억하고 있구나'라는 감동을 줍니다.

질문은 아이가 힘들어하는 배경을 이해하는 데 도움이 됩니다. 학급에서 말썽을 많이 부리던 아이가 있었습니다. 그런데 알고 보니, 아이에게 어린 동생이 있더라고요. 부모가 동생에게만 관심을 주면서부터 문제 행동이 시작됐다는 걸 알게 되었습니다. 문제 행동의 배경을 알게 되니, 아이의 마음이 이해되더군요. 더 깊이 들여다보고 이야기 나눌 수 있었지요.

이외에도 부모님이 맞벌이라면 아침 준비가 바쁠 수 있고, 형제자매가 많다면 집에서 조용히 공부할 공간이 부족할 수 있습니다. 이런 배경을 알면 학교에서 아이가 보이는 행동을 다르게 이해할 수 있습니다.

학습 스타일로 이해하기

수업 시간 아이들의 모습도 중요한 정보입니다. 어떤 아이는 설명을 듣는 것만으로도 잘 이해하지만, 어떤 아이는 직접 만져보거나 흔들어봐야만 이해합니다. 또 어떤 아이는 빠르게 문제를 풀지만, 어떤 아이는 천천히 생각합니다. 이런 학습 스타일을 알면 아이에게 맞는 방법으로 도울 수 있습니다.

아이를 온전히 이해하려면 무엇보다 가정과의 소통이 필요합니다. 학교에서 보는 아이의 모습과 집에서의 모습은 다를 수 있습니다. "요즘 집에서는 어떤가요?" "집에서 무슨 이야기 많이 하나요?" 같은 질문으로 시작하면 좋습니다. 이런 작지만 꾸준한 소통을 통해 학교와 가정에서 아이를 일관되게 지원할 수 있습니다.

아이를 이해할 때 가장 조심해야 할 것은 선입견입니다. '이 아이는 원래 이래' '저 아이 형도 그랬어' 같은 생각은 아이를 있는 그대로 보지 못하게 합니다. 아이는 항상 변합니다. 작년에 산만했던 아이가 올해는 집중할 수 있고, 작년에 소극적이던 아이가 올해는 적극적일 수 있습니다. 사실 어른들도 그렇잖아요. 이런 마음으로 매일 아이를 새로운 눈으로 보도록 합니다. 교사의 열린 태도가 아이에게 변화의 기회를 줍니다.

이해는 관계의 시작입니다. 개별 아이를 이해한다는 것은 시간과 노력이 필요한 일입니다. 하지만 이런 과정 없이 아이와 진정한 관계를 맺을 수 없습니다. 어떤 아이든 자기를 깊이 봐주는 교사의 말은 듣기 마련입니다. 아이들은 자기를 이해해주는 선생님을 신뢰하고 따른다는 것을 잊지 않아야겠지요.

단점 뒤집어 생각하기

다양한 특성의 아이가 함께 있기 때문에 즐겁고 행복한 교

실이 됩니다. 저는 단점도 그렇게 봅니다. 아이의 단점은 뒤집어 생각하면 장점이 되기도 합니다. 이 부분을 아이들에게도 학부모에게도 강조해서 이야기해주면 위축되고 소심한 아이들이 자신감을 찾는 데에 큰 도움이 됩니다.

전에 6학년을 담임할 때 일입니다. 반에 상대적으로 행동이 느린 아이가 있었습니다. 학부모 상담 주간에 어머니가 찾아오셨는데, 아이의 행동이 느리고 지나치게 꼼꼼한 부분에 대해 걱정이 많았습니다. 특히 시험 시간에 문제도 느리게 풀어서 걱정이라고요. 그래서 이렇게 말씀드렸습니다.

교사: 어머니, 어떤 부분 걱정하시는지 알 것 같아요.(공감) 우영이가 행동이 느리고, 시험지도 천천히 푸는 게 걱정되시는 거지요?(문제 상황 확인, 학부모 의견 먼저 듣기) 근데, 저는 이렇게 생각해요.(교사의 의견 말하기)

행동이 느린 것은 사실 어떤 의미에서 보면 꼼꼼하고 차분한 것이기도 해요. 행동이 빠른 아이는 그만큼 실수도 잦거든요. 근데 우영이는 매사 천천히 생각하면서 꼼꼼하게 하잖아요. 덕분에 우영이는 실수가 적어요. 행동은 느릴지 몰라도 신중하니까요.

어떤 아이는 시험지 나눠주면 10분 만에 풀고 80점을 맞아요.

그런데 우영이는 40분 내내 풀고 85점을 맞습니다. 몇 번을 다시 생각하고 고치면서 푸니까요. 결과로 따진다면 느리게 풀고 85점 맞는 게 좋은가요, 아니면 빨리 풀고 80점 맞는 게 좋은가요? 어머니도 이렇게 뒤집어 생각해보시면 어떨까요? 단점으로 보이는 것도 장점으로 얼마든지 봐줄 수 있지 않을까요?(바람직한 교육 방법 제안하기)

이렇게 얘기했더니, 어머니가 잠깐 말을 못 하더시더군요. 그렇게는 한 번도 생각해본 적이 없다면서요. 앞으로는 그렇게 아이를 바라보도록 노력해보겠다면서 웃으셨지요.

빈말이 아니라, 실제로도 시험지를 나눠주면 10분 만에 푸는 아이가 있는가 하면, 주어진 40분을 내내 문제와 씨름하는 아이도 있습니다. 빠르게 대충 푸는 것보다는 당연히 천천히 꼼꼼하게 풀어야 결과가 좋습니다. 이렇듯 단점도 뒤집어 긍정적으로 해석하면 얼마든지 장점이 될 수 있습니다.

성격 관련

· 소심한 아이 → 조심스럽고 신중한 아이

· 고집 센 아이 → 자기 주관이 뚜렷한 아이

· 수줍음 많은 아이 → 관찰력이 좋은 아이

· 예민한 아이 → 섬세하고 감수성이 풍부한 아이

행동 관련

· 산만한 아이 → 호기심이 많고 다양한 것에 관심 있는 아이

· 느긋한 아이 → 여유롭고 차분한 아이

· 까다로운 아이 → 기준이 명확한 아이

· 집요한 아이 → 끈기 있는 아이

학습 관련

· 질문이 많은 아이 → 탐구심이 강한 아이

· 완벽주의 아이 → 책임감이 강한 아이

· 실수가 잦은 아이 → 과감하게 도전하는 아이

· 엉뚱한 아이 → 창의적이고 독창적인 아이

'단점 뒤집어 생각하기'를 아이들과 주기적으로 해보는 것도 추천합니다. 자신의 단점과 약점에 대해서 스스로 좀 더 사랑스럽게 대해줄 수 있으니, 이보다 좋은 격려와 칭찬도 없겠지요.

관찰하고, 대화하고, 기록하고, 이해하는 모든 과정은 번거롭지만 결코 헛되지 않습니다. 차곡차곡 쌓여서 아이와 교사 사이의 신뢰를 만듭니다. 아이들은 압니다. 선생님이 자기를

진짜로 보고 있는지, 그냥 스쳐 지나가는지요. 진심으로 관심을 가지고 이해하려는 교사 곁에서 아이들은 자기다운 모습으로 자랍니다.

부드러우면서 단호한 교사는 모든 아이를 같은 잣대로 재지 않습니다. 아이들이 저마다 어디에서 출발했는지, 어디를 향해 가는지, 지금 어떤 도움이 필요한지를 살핍니다. 모든 아이에게 필요한 만큼의 부드러움과 적절한 단호함을 보여줍니다.

칭찬에도 기준이 필요하다

교사가 가장 자주 사용하는 보상은 칭찬입니다. 하지만 칭찬에도 좋은 칭찬과 나쁜 칭찬이 있습니다. 부드러우면서 단호한 교사는 칭찬을 전략적으로 사용합니다. 부드럽게 마음을 전하되, 단호하게 기준을 지킵니다. 즉, 언제, 무엇을, 어떻게 칭찬하느냐에 대해 명확한 원칙을 갖고 있지요.

구체적으로 칭찬합니다.

"잘했어"라는 막연한 칭찬으로는 부드러움도, 단호함도 보여줄 수 없습니다. 무엇을 잘했는지 명확하게 짚어줘야 아이들이 그 행동을 강화합니다. "○○이는 참 착하네"보다 "친구들한테 자리를 양보해주는 모습이 멋지네"처럼 구체적으로 어떤 부분이 바람직한지를 짚어주는 게 좋습니다.

칭찬은 긍정적인 면을 짚어주는 피드백 같은 것입니다. 두루뭉술하게 하면 바람직한 부분이 무엇인지 아이 스스로 알 수 없습니다. "똑똑하네" 대신 "이 문제를 풀 때 여러 가지 방법을 시도해보더라. 포기하지 않고 계속 도전하는 모습 멋져", "잘했어" 대신 "오늘 친구가 넘어졌을 때 바로 달려가서 일으켜주는 거 봤어. 그 마음이 참 예쁘다"처럼 칭찬합니다.

즉석에서 곧바로 칭찬합니다.

칭찬은 타이밍이 중요합니다. "저번에 보니까 잘하더라"와 같이 지나간 뒤에 하는 칭찬은 효과가 떨어집니다. 수업 시간에 친구를 도와줬다면, 그 순간 가까이 가서 조용히 말합니다. "방금 친구 도와주는 모습이 정말 보기 좋았어." 쉬는 시간에 친구와 사이좋게 노는 모습을 봤다면, 그 자리에서 말합니다. "너희 둘이 함께 노는 모습이 참 보기 좋구나." 이렇듯, 즉각적인 칭찬은 행동과 결과를 직접 연결합니다. 아이는 '내가 이렇게 한 것이 잘한 행동이구나'를 알게 됩니다.

객관적인 사실을 칭찬합니다.

이는 눈에 보이는 객관적인 사실 그 자체만을 칭찬하는 것입니다. 예를 들어 "예쁘게 색칠했네" "친구한테 양보도 하고 참 착하구나" 같은 말에는 '예쁘다' '착하다' 같은 교사의 주관적인 평가와 판단이 들어 있습니다. 이렇게 하기보다는 눈에 보이는 사실을 표현하는 것이 좋습니다. 예를 들어 "색칠을 빈틈없이 했네" "친구한테 장난감을 먼저 양보했구나"라고 말하는 것이지요. 이렇게 칭찬하면 아이는 스스로 자신이 어떤 행동을 잘한 것인지 깨닫게 됩니다.

진심을 담아 칭찬합니다.

아이들은 진심과 형식을 본능적으로 알아차립니다. 습관적으로 던지는 "잘했어"는 아이들에게 와닿지 않습니다. 웃으면서 아이와 눈을 맞추고, 손을 잡아주면서 "와, 꼼꼼하게 글을 썼구나. 깊이 생각한 게 느껴지네"라고 말하면 마음이 전해집니다. 진심은 목소리 톤, 표정, 몸짓에서 나옵니다. 바쁘게 지나가며 던지는 말이 아니라, 잠깐 멈춰 서서 아이에게 집중하며 말합니다. 기계적인 칭찬보다 서툴더라도 진심 어린 칭찬이 아이의 마음을 움직입니다.

비교해서 칭찬하지 않습니다.

"넌 ○○보다 계산이 빠르구나" 같은 칭찬은 듣는 이에게 우월감을 줄 수 있고, 다른 누군가에게는 상처를 줄 수 있습니다.

대신 칭찬하는 아이의 과거와 비교합니다. "지난주보다 나아졌어" "올해 3월의 네 모습을 생각하면, 정말 많이 성장했어"처럼요. 이런 칭찬은 남과 비교할 필요 없이, 어제의 나보다 나아지면 된다는 것을 배우게 합니다.

작은 발전을 놓치지 않습니다.

큰 성취만 칭찬하면 대부분의 아이는 교사에게 인정받을 기회가 없습니다. 작은 발전, 작은 노력, 작은 변화를 놓치지 않아야 합니다. 늘 지각하던 아이가 제시간에 왔다면 "오늘 제시간에 왔네. 그 노력 선생님이 봤어", 늘 숙제를 안 하던 아이가 숙제를 해왔다면 "숙제 열심히 해왔더라. 애썼어"라고 말해줍니다. 산만하던 아이가 5분이라도 집중했다면 "집중하는 시간이 전보다 늘었네"라고 말해줍니다. 이렇게 작은 것에 감동하는 교사의 태도가 아이들을 변화시킵니다.

공개 칭찬과 개별 칭찬을 구분합니다.

아이의 성향에 따라 칭찬 방식을 조절합니다. 어떤 아이는 공개적인 칭찬을 좋아하지만, 어떤 아이는 부담스러워합니다. 수줍음이 많은 아이, 자존감이 낮은 아이에게는 조용히 다가가 귓속말로 칭찬합니다. "선생님은 네가 요즘 정말 열심히 하는 거 다 보고 있어. 대단하다"처럼요. 반면 활발하고 자신감 있는 아이, 리더십이 있는 아이는 "오늘 준영이가 친구들을 도와 준 모습 봤니? 리더다운 행동이었어"와 같이 반 전체 앞에서 칭찬하면 더 큰 동기 부여가 됩니다.

과잉 칭찬을 조심합니다.

칭찬에도 기준이 있어야 합니다. 너무 자주 하면 효과가 떨어지고, 무감각해집니다. 과잉 칭찬을 받은 아이들은 칭찬이 없으면 움직이지 않습니다. 부드러우면서 단호한 교사는 기준을 두고 칭찬합니다. 모든 행동에 "잘했어" "대단해"를 남발하는 대신, 정말 의미 있고 애쓴 과정이 돋보이는 변화가 감지되는 순간에만 칭찬합니다. 그래야 칭찬의 가치가 살아납니다. 칭찬할 때와 칭찬하지 않을 때를 명확히 구분하는 것이야말로 교사가 가져야 할 단호함입니다.

칭찬과 격려는 내적인 동기를 부여하고 좋은 행동을 강화합니다. 구체적이고 진심 어린 칭찬으로 "너는 소중해" "너의 노력을 내가 알고 있어"라는 부드러운 메시지를 전합니다. 동시에 명확한 기준과 원칙을 지키며 "이런 행동이 바람직해" "이것이 우리 교실의 가치야"라는 단호한 메시지를 전합니다.

이런 일관된 메시지가 꾸준하게 쌓이면, 나중에 교사가 경계를 설정해서 아이들에게 "안 돼"라고 말할 때도 아이들은 그

것을 야단이 아니라 사랑과 관심, 교사로서 해야 할 정당한 지도로 받아들입니다. 교사는 작은 칭찬도 신중하게 하는 습관을 가져야 합니다. 적절한 타이밍에, 구체적으로, 진심을 담아 전하는 칭찬. 이것이 아이들을 성장시키는 부드러우면서 단호한 힘입니다.

감정은 인정하되,
행동은 제한하라

저경력 교사 때였습니다. 6학년을 담임했는데, 수업 중 친구와 싸우더니 갑자기 가방을 들고 교실을 나가버린 아이가 있었습니다. 저와 한참을 실랑이하던 끝에, 아이는 가방을 던지고 가버렸습니다. 아이를 뒤쫓아가 "너 왜 그래?" 했더니, "몰라요"라고 하더군요. "많이 속상했어? 화가 많이 났구나" 하니까, 주저앉아서 펑펑 울더군요. 놀랍게도 이 아이는 한참 울다가 다시 교실로 와서 공부했답니다. 나중에 왜 그랬냐고 물어보니, "선생님이 '화 많이 났어?'라고 묻는 말에 갑자기 눈물이 쏟아졌어요"라고 하더군요. 그 말이 너무 따뜻했다고요. 저는 놀라고 당황해 한 말이었지만, 어쨌든 결과는 그랬습니다.

기쁨, 슬픔, 분노, 불안, 외로움…. 아이들은 매일 다양한 감정을 경험합니다. 하지만 아이들은 자기 감정을 정확히 표현하는 법을 아직 잘 모릅니다. 울거나, 화내거나, 폭력적인 문제 행동으로 표현하기도 하지요. 교사에게 필요한 것은 이 신호를 읽어내는 능력입니다.

행동 뒤에 숨은 감정 읽기

✦

아이들의 문제 행동은 대부분 감정 표현입니다. 수업 시간에 자꾸 떠드는 아이는 수업 내용을 이해하지 못해서 불안한 것일 수 있습니다. 친구를 때리는 아이는 집에서 받은 스트레스로 화가 난 것일 수 있습니다. 숙제를 안 해오는 아이는 집에서 공부할 환경이 안 되는 것일 수 있습니다.

행동만 보고 선부르게 '이 아이는 원래 이런 아이야'처럼 판단하면 안 됩니다. "왜 자꾸 떠들어?" "왜 친구를 때려?"라고 물으면 아이는 대답하지 못합니다. 자기도 왜 그러는지 잘 모르기 때문입니다. 대신 "요즘 수업 시간이 어때?" "요즘 기분이 어떤 것 같아?"처럼 묻습니다. 행동이 아니라 아이의 감정과 처해 있는 상황을 묻는 것입니다.

아이들은 자기가 느끼고 있는 감정이 어떤 것인지 잘 모르는 경우가 생각보다 많습니다. 자신의 감정에 이름을 붙이는 법부터 배워야 하는 이유입니다. "화가 났구나" "속상했구나" "불안했구나" "외로웠구나"처럼 교사가 아이의 감정에 정확한 이름을 붙여주면, 아이는 자기 감정을 이해하게 됩니다. 자신이 지금 어떤 감정인지 이해하면 뜻밖에도 빨리 차분해지는 걸 볼 수 있습니다.

감정에 이름을 붙여주는 것만으로도 아이는 위로받습니다. '선생님이 내 마음을 알아주는구나'라고 느낍니다. 이게 바로 공감입니다. 어른의 경우에도 똑같습니다. '지금 내가 화를 내고 있구나' '나 억울한 것 같아' '나는 슬픈 느낌이 들어'처럼 감정을 정확하게 명명하고 나면, 감정의 강도가 확연하게 줄어드는 걸 느낄 수 있습니다.

심리학에서는 이를 '감정 명명(Emotion Labeling)'이라고 합니다. UCLA의 심리학자 매튜 리버먼(Matthew Lieberman)의 연구에 따르면, 감정에 이름을 붙이면 뇌의 편도체(감정을 처리하는 부위) 활성이 감소한다고 합니다.* 화났을 때도 "나는 지금 화가 났어"라고 말하면 실제로 화가 가라앉습니다. 저는 습관적으로 '그 사람이 나를 무시했다는 느낌이 들어. 화가 나'처럼 스스로 감정에 이름을 붙여줍니다. 그러고 나면 감정이 차분해지고 강도가 약해지기 시작하거든요. 아이들도 마찬가지입니다. 자신의 감정이 어떤 것인지 배우는 게 좋습니다.

공감은 기술이 아니라 태도다

✦

많은 어른이 공감을 잘못 이해합니다. 공감은 아이의 행동에 동의하거나 잘못된 행동을 허용하는 것이 아닙니다. 공감은 아이의 감정을 알아차리고 이해하는 것입니다. 아이의 감정에 이름을 붙여주는 것과 비슷합니다.

친구를 때린 아이에게 "친구를 때리면 안 돼"라고 말하는 것은 교육적인 지도입니다. 꼭 필요하지요. 이것은 교사가 반드시 갖춰야 할 단호함입니다. 하지만 그 전에 "친구가 네 물건을 가져가서 화가 많이 났구나"라고 말해주는 것. 이것이 공감입니다. 공감 먼저, 훈육은 나중입니다.

교사: 화가 난 건 당연해. 누구라도 화가 날 수 있어.(공감) 하지만 친구를 때리는 건 안 돼.(단호함)

이렇게 말하면 아이는 자기 감정이 인정받았다고 느끼면서도, 행동의 경계는 분명히 배웁니다. 경계가 모호해지면, 아이는 잘못된 행동을 하고도 아무렇지 않아합니다. 교실에서 문제를 일으키는 아이들의 대부분이 이 경계가 모호하답니다.

공감은 특별한 기술이 아닙니다. 짧은 말 한두 마디여도 충분합니다. "아, 그랬구나" "힘들었겠다" "많이 속상했겠네" "화 많이 났구나" "무서웠겠어" 같은 말입니다. 이런 짧은 말도 아이에게는 큰 위로가 됩니다. 긴 설명이나 조언은 안 해도 됩니다. 아이의 감정을 있는 그대로 한두 마디로 짚어주는 것으로도 충분합니다. 조언이나 해결책은 나중에 말해줘도 됩니다. 아이가 감정을 충분히 표현하고 나면, "그럼 이제 이야기해볼까? 어떻게 하면 좋을까?"라고 물어보면서 이야기 나눕니다. 아이 스스로 해결책을 찾도록 돕는 것입니다.

때론 말보다 태도가 중요합니다. 아이가 힘들어할 때, 바쁜 말투로 "그랬구나"라고 말하는 것과, 잠깐 멈춰 서서 아이의 눈을 보며 "그랬구나"라고 말하는 것은 다릅니다. 공감할 때는 아이와 눈높이를 맞춥니다. 쪼그려 앉거나 의자에 앉아서 아이와 눈을 맞춥니다. 아이의 어깨에 손을 올리거나 등을 토닥입니다. 이런 작은 몸짓이 아이에게는 위로가 됩니다.

하지만 공감만 하고 경계를 설정하지 않으면 안 됩니다. 그러면 방임하는 교사가 되어버립니다. 반대로 경계만 설정하고 공감하지 않으면 권위적이고 강압적인 교사가 됩니다. 부드러우면서 단호한 교사는 둘 다 합니다.

예를 들어 화가 나서 우는 아이가 있습니다. 먼저 "화가 많이 났구나. 속상했겠다. 필요하면 더 울어도 괜찮아"라고 말해줍니다. 아이가 진정되면 "하지만 소리를 지르거나 친구에게 물건을 던지는 식으로 행동하는 건 안 돼"라고 단호하게 말합니다.

공감으로 마음을 열고, 경계로 행동을 잡습니다. 이것이 부드러우면서 단호한 학급 경영입니다. 처음에는 이런 과정이나 표현이 어색할 수 있습니다. 하지만 계속하면 익숙해집니다. 아이의 마음을 읽는다는 것은 초능력이 아닙니다. 무조건적인 허용도 아닙니다. 아이를 주의 깊게 관찰하고, 귀 기울여 듣고, 진심으로 이해하려는 노력입니다.

교사는 매일 수십 명의 아이를 만납니다. 모든 아이의 마음을 완벽하게 읽을 수는 없습니다. 읽으려고 노력하는 것, 그것만으로도 충분합니다. 공감은 기술이 아니라 태도랍니다.

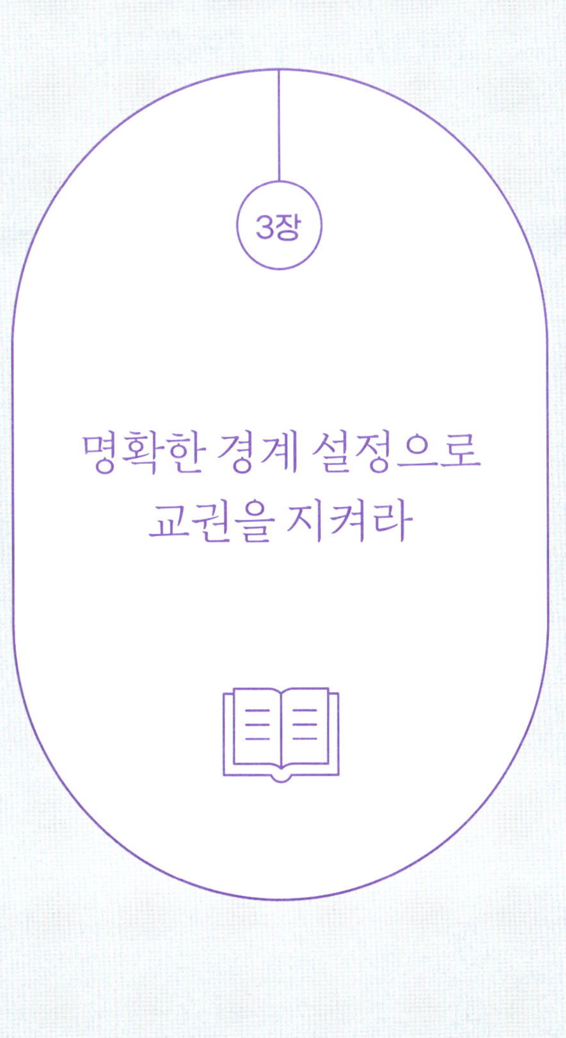

3장

명확한 경계 설정으로 교권을 지켜라

어디까지 허용하고,
어디서부터 제한할까?

경계는 사랑의 언어입니다. 아이들은 경계를 통해 자신이 안전하다는 것을 느낍니다. 많은 교사가 따뜻함과 단호함을 양립할 수 없는 것으로 여깁니다. 하지만 실제로는 이 둘이 함께 있을 때 가장 효과적인 학급 경영이 이루어집니다. 교실이 평화로워지고 질서가 잡히면 교사가 의도하고 계획하는 어떤 학급 운영도 가능해집니다. 결국 모든 학급 구성원이 함께 행복해집니다.

경계를 설정하는 것은 아이들에게 '너는 여기까지만 할 수 있어'라고 제한을 두는 것이 아닙니다. 오히려 '나는 너를 존중하고, 너의 안전을 책임지고 있어. 네가 선생님의 뜻을 따른다면 우리 교실은 평화로워질 거야'라는 메시지를 분명하게 전달하는 것입니다.

학급 경영에서 가장 중요한 것은 무엇이 가능하고, 무엇이 불가능한지 아이들이 명확하게 알고 있느냐 하는 것입니다. 모든 것을 엄격하게 통제하면 아이들의 자율성이 자라지 못하고, 반대로 모든 것을 허용하면 안전과 질서가 무너집니다.

허용해선 안 되는 '안전과 존중'의 영역

교실엔 어떤 상황에서도 타협할 수 없는 기본 원칙이 있습니다. 안전과 존중의 영역입니다. 여기에는 신체적 안전과 정서적 안전이 모두 포함됩니다. 교실에선 폭력, 욕설, 공격적인 말과 행동, 따돌림, 위험한 장난이나 행동이 허용되어서는 안 됩니다. 이 부분이 용인되기 시작하면 교실은 순식간에 아수라장이 됩니다.

또한 타인의 기본적인 권리를 침해하는 행동도 하면 안 됩니다. 교사의 수업을 방해하거나 타인의 물건을 함부로 다루는 것도 이 원칙 안에서 생각해야 합니다. 아이가 교사를 무시하면 수업 시간에 아무렇지 않게 방해 행동을 합니다. 반대로 교사를 존중하고 지도를 따르면 함부로 말하고 행동하는 일이 눈에 띄게 줄어듭니다.

타인의 물건을 부수거나 망가뜨리는 것도 타인의 소유물, 즉 소유권을 침해하는 행동으로 봐야 합니다. 하면 안 되는 행동이지요. 특히 중요한 일에 대해 '정직'이라는 기본 약속을 무너뜨리는 거짓말, 교사나 친구에 대한 기본적인 예의를 지키지 않는 것도 허용해선 안 되는 영역입니다.

허용할 수 없는 영역에 대해서는 분명하고 단호한 태도를 보여야 합니다. 이 부분이 애매해지거나 일관되지 않으면 아이들은 금세 혼란스러워하고, 마음대로 행동하려고 합니다. 구체적으로 짚어주고, 왜 안 되는지까지 설명해줘야 합니다.

교사: 친구를 때리는 건 절대 안 됩니다. 어떤 상황에서도 안 돼요.(안 되는 부분 설명) 설사 그 친구가 잘못한 부분이 있다고 해도, 그 지도는 선생님의 몫이에요. 선생님이 그 친구와 이야기 나누면서 해결해야지, 여러분이 스스로 때리는 방식으로 해결하려고 해서는 안 돼요.(왜 안 되는지 설명) 선생님에게 상황을 설명하고 도움을 요청해야 해요.(바람직한 방법 제안)

교사: 욕을 하거나 친구에게 나쁜 말을 하면 우리 교실에서 행복하게 지낼 수 없습니다.(안 되는 부분 설명) 우리 교실에서는 서로를 존중하고 배려하는 고운 말을 쓰는 것이 약속이기 때문

이에요.(왜 안 되는지 설명) 자기의 말과 행동에 책임져야 해요. 나쁜 말이나 욕을 했다면 사과하고 앞으로는 하지 않도록 해요.(바람직한 방법 제안)

교사: 수업 시간에 선생님이 설명하는 동안 끼어들거나 큰 소리로 떠드는 건 허용할 수 없어요.(안 되는 부분 설명) 그건 선생님의 수업권을 침해하는 행동이에요. 학생은 교사의 권리를 침해하는 행동을 하면 안 돼요.(왜 안 되는지 설명) 혹시 잘못된 행동을 했다면 선생님에게 사과하고, 선생님이 말하는 동안은 끼어들지 않도록 해요.(바람직한 방법 제안)

허용해도 되는 '자율성과 선택'의 영역

반면 허용할 수 있는 부분도 있습니다. 이건 상황에 따라 융통성과 유연성을 발휘할 수 있는 영역입니다. 학습 방법을 예로 들어볼까요? 자리에 조용히 앉아서 할지, 돌아다니면서 할지 정할 수 있습니다. 혼자 할지, 모둠과 같이 할지도 선택할 수 있습니다. 과제를 수행하는 순서와 우선순위도 마찬가지입니다. 발표 방법이나 정리 방법 등 세부적인 방식도 아이들이 선택할 수 있는 부분입니다.

교사: 수학 문제는 꼭 풀어야 해.(해야 할 일) 다만, 책상에서 할지, 자리를 옮겨서 할지는 선택할 수 있어.(선택의 영역)

교사: 독후감은 써야 해.(해야 할 일) 하지만 그림일기로 해도 되고 만화로 그려도 돼.(선택의 영역)

저는 '수업에 성실하게 참여하고, 친구나 교사의 말을 경청한다'는 굵직한 핵심 약속을 정해놓고, 나머지는 자유롭게 선택할 수 있게 했습니다. 전체 학습을 끝내고 나면 자유롭게 선택 학습을 할 수 있게 하는 식입니다. 이런 적절한 경계와 자율적인 통제는 시간이 갈수록 몸에 배기 마련입니다. 나중엔 자율성과 책임감이 자연스럽게 길러지지요.

어떤 것을 용인할 수 있는지 판단하는 기준은 생각보다 더 간단합니다. 안전과 존중 그리고 학습과 직접 관련이 있는지 스스로 묻는 것입니다. 또한 꼭 그 방법이어야 하는지 스스로에게 물어보세요. 안전, 존중, 학습은 양보해서는 안 되는 영역입니다. 아이들과 조율하고 조정할 수 있는 영역과 그렇지 않은 영역의 근본적인 기준이 명확해야 하고, 그래야 이 명확한 경계 안에서 교사도 아이들도 평화롭고 자유로울 수 있습니다.

가장 흔하게 하는 실수는 규칙이니까 무작정 따르라고 강요하는 것입니다. '우리 반은 점심시간에 책을 읽는다'라는 규칙을 정했다고 가정해보겠습니다. '이 규칙은 왜 필요할까? 누군가의 안전과 존중, 또는 학습을 위한 것일까? 아니면 아이들이 떠들고 뛰어다니는 것을 막기 위한 통제의 수단일까? 만약 떠들고 뛰어다니는 게 싫어서 만든 규칙이라면 꼭 이 방법이어야 했을까? 다른 방법은 없었을까?' 이렇게 고민해봐야 합니다.

통제를 위해 만든 규칙은 불필요한 갈등을 만들고 아이들의 저항을 불러일으킵니다. 더 나은 접근은 이렇습니다. "점심시간에 교실에서 노는 것은 자유지만, 책을 읽거나 조용히 활동하는 친구를 방해하면 안 돼"입니다. 이 지도는 '존중'이라는 가치를 담고 있지요. 이렇게 지도하면 자율성과 책임감을 동시에 키울 수 있습니다. 되는 것과 안 되는 것 사이의 구분이 명확해지고요.

"안 돼"를 따뜻하게 전하는 3단계 대화법

경계를 설정할 때 가장 어려운 것은 따뜻함을 유지하면서도 단호함을 잃지 않는 것입니다. 허용의 영역과 비허용의 영역 사이의 구분이 명확해질수록 교실은 평화로워지기 때문에, 때로는 "안 돼"라는 거부의 말을 교사가 정확하게 할 수 있어야 합니다. 이 말이 거부나 비난이 아니라 보호와 안내로 아이에게 전달되어야 하고요.

그러기 위해서는 감정과 행동을 분리할 수 있어야 합니다. 그렇지 않으면 잘못된 행동을 허용하고, 감정은 비난하는 식이 되어버립니다. 부드러우면서 단호한 교사의 지도와는 정반대되는 형식이지요. 여기서 핵심 원칙은 '네 감정은 이해할 수 있지만(OK), 그 행동은 안 돼(NOT OK)'입니다. 아이의 감정은 인정하되, 부적절한 행동은 명확히 제한합니다. 이를 단계별로 나누어 대화하는 방법이 있습니다.

1단계: 감정 인정하기

"화가 났구나" "속상했겠다" "짜증 났지?" 같은 말로 아이의 감정을 먼저 인정합니다.

2단계: 행동 제한하기

"그런데 친구를 때리는 건 안 돼" "하지만 욕을 하면 안 돼" "그래도 물건을 던지는 건 위험해"와 같이 행동의 한계는 명확하게 일러줍니다.

3단계: 대안 제시하기

"대신 말로 표현해봐" "선생님한테 도움을 요청해" "잠깐 화장실에 가서 마음을 가라앉혀도 돼"처럼 아이가 할 수 있는 대안을 제시합니다.

상황1. 수업 중 떠드는 아이

교사: 조용히 못 해? 벌써 몇 번째야! 너 때문에 방해되잖아!

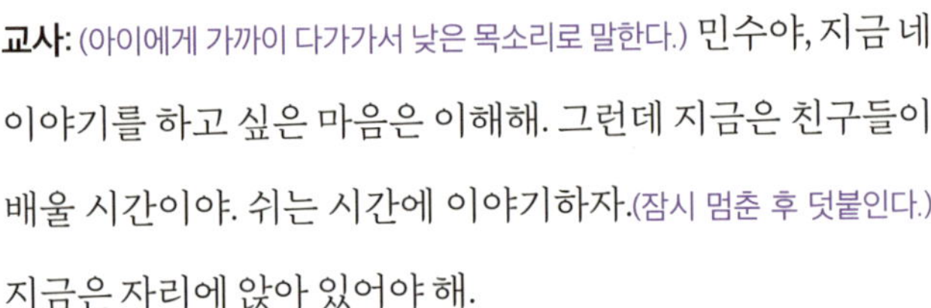

교사: (아이에게 가까이 다가가서 낮은 목소리로 말한다.) 민수야, 지금 네 이야기를 하고 싶은 마음은 이해해. 그런데 지금은 친구들이 배울 시간이야. 쉬는 시간에 이야기하자.(잠시 멈춘 후 덧붙인다.) 지금은 자리에 앉아 있어야 해.

상황2. 숙제를 안 해온 아이

교사: 또 안 해왔어? 너 맨날 이러니까 성적이 안 오르지!

교사: 숙제를 안 해왔네. 무슨 일이 있었니?(먼저 이유를 듣는다.) 그래, 그럴 수 있어. 그런데 숙제는 네가 배운 걸 연습하는 거라서 중요해. 쉬는 시간에 할 수 있는 만큼 해보자. 다음엔 어렵거나 시간이 없으면 미리 말해줘.

상황3. 친구와 싸운 아이

교사: 왜 싸워? 둘 다 잘못이야. 서로 사과해!

교사: 둘 다 지금 기분이 안 좋구나.(먼저 각자의 감정을 인정해준다.) 그런데 소리 지르고 밀치는 건 안 돼.(행동을 제한한다.) 각자 좀 떨어져서 마음을 가라앉히고, 그다음에 무슨 일이 있었는지 이야기해보자. 선생님이 도와줄게.(대안을 제시한다.)

이 원칙을 실천하는 데 있어 목소리와 태도는 말의 내용만큼이나 중요합니다. 음량은 조용하고 침착하게 유지하되 말하는 속도는 천천히, 명료하게 합니다. 목소리의 톤은 차분하지만 확신 있게 전달되어야 합니다.

비언어적 메시지 역시 강력한 효과를 발휘합니다. 아이와 눈높이를 맞추기 위해 앉거나 무릎을 꿇고, 온화한 눈빛을 유지하며, 팔짱을 끼지 않는 열린 자세를 취합니다. 아이와의 거리는 너무 가깝지도 멀지도 않게 적절히 유지하는 것이 좋습니다.

이때 "너 왜 맨날 그래?" "너만 그래" "너 때문에 우리 반이 시끄럽잖아" "넌 진짜 안 변하는구나" "네가 그럼 그렇지. 정말 실망이야" "선생님 속 좀 썩이지 마"와 같은 표현은 아이의 자존감을 상하게 하고 저항을 불러일으키므로 피해야 합니다. 대신 "지금 이 행동은 우리 약속과 맞지 않아" "어떤 부분이 잘못된 거라고 생각하니? 한번 이야기해볼까?" "우리 다시 한번

해보자. 선생님은 네가 더 잘할 수 있다는 걸 알아" "이번엔 이렇게 했지만, 다음엔 어떻게 하면 좋을까? 네 생각을 듣고 싶어"처럼 말하는 것이 효과적입니다.

결국 부드러우면서 단호하다는 것은 감정은 받아주되, 부적절한 행동에는 명확한 경계를 제시하는 것을 의미합니다. "화날 순 있어(공감). 하지만 친구에게 소리 지르는 건 안 돼(한계, 경계)"를 반복하는 것이지요. 이 2가지 구분만 명확해도 교실은 질서가 잡히고, 평화로워집니다.

처벌이 아닌 책임으로 배우게 하라

많은 교사가 책임과 처벌을 혼동합니다. 둘 다 문제 행동에 대응하는 방법이지만, 목적과 효과는 전혀 다릅니다. 이 차이를 이해하면 부드러우면서 단호하게 학급을 경영하는 데 큰 도움이 됩니다.

대부분의 교사는 아이가 잘못된 행동을 하면 처벌을 먼저 떠올립니다. 하지만 처벌은 고통이나 불편을 주기 위한 것입니다. 대부분 잘못된 행동 자체와는 직접적인 연관이 없습니다. 예를 들어 "오늘 떠들었으니까, 넌 이따가 점심시간에 쓰레기 50개 주워" 하는 식입니다. 떠든 것과 쓰레기 줍기는 사실 아무런 관련이 없는데도 말입니다.

이렇게 되면 아이는 "앞으로는 선생님한테 걸리지 말아야지" "아, 오늘은 재수가 없었어. 들키면 안 돼" 같은 회피를 배웁니다. 왜 그 행동이 잘못된 행동인지, 이 일에서 무엇을 배워야 하는지, 앞으로 어떻게 해야 하는지 등에 대한 성찰은 없지요.

책임은 다릅니다. 책임은 아이가 자신의 선택과 행동에 스스로 책임지도록 돕는 것이 목적입니다. 행동과 논리적으로 연결된 결과를 경험하는 것이지요. 같은 상황에서 부드러우면서 단호한 교사는 이렇게 말합니다. "네가 떠들어서 친구들이 수업에 집중하지 못했어. 쉬는 시간에 그 부분만 다시 배워보자." 이렇게 지도하면 잘못된 행동(떠든 행동)과 그에 따른 결과(다시 배우기)가 자연스럽게 연결됩니다.

이런 식으로 자신의 행동에 책임지는 경험을 한 아이는 무엇을 배울까요? 책임감과 문제 해결 능력을 자연스레 학습합니다. '내 선택이 결과를 만든다'는 내재적 책임감이 발달하고, '다음에는 어떻게 하면 좋을까?'를 스스로 생각하게 되죠. 부드러우면서 단호한 교사는 처벌로 아이를 굴복시키지 않습니다. 대신 자율적이고 내재적인 책임감을 길러주며 아이를 성장시킵니다.

내 선택의 결과를 경험하게 하라

✦

교사가 굳이 개입하지 않아도 아이 스스로 배울 수 있다면 더 좋겠지요. 이런 걸 '자연적 결과'라고 합니다. 점심을 굶으면 오후 수업을 할 때 배가 고픕니다. 우산을 놓고 오면 비를 맞습니다. 준비물을 안 챙기면 수업에 참여할 수 없습니다. 친구에게 불친절하게 대하면 친구들이 싫어합니다. 이런 것들은 자연스러운 결과입니다. 교사가 억지로 상황을 이끌어낸 게 아닙니다. 세상이 원래 그런 거라는 걸, 그렇게 돌아간다는 걸 아이가 직접 경험하는 것입니다.

이럴 때 부드러우면서 단호한 교사는 보호하고 공감해주되, 과잉 개입은 하지 않습니다. 아이가 불편해하는 걸 보면 교사 역시 마음이 불편하지만, 그렇다고 해서 아이의 불편함을 교사가 먼저 나서서 해결해주지 않습니다. 불편도 때론 좋은 교육이라는 걸 경험적으로 알기 때문입니다.

전에 현장 체험 학습에서 한 아이가 김밥을 그대로 버렸습니다. 맛이 없어 보인다면서요. 오후에도 이어서 많이 걸어야 하는 일정이었기 때문에 아이는 배가 고프다면서 투덜댔습니다. 하지만 이건 교사가 책임져줄 일이 아닙니다. 아이는 자신의 선택이 만든 결과를 경험하고 있는 것이기에, 그 나름의 의미와 가치가 있는 일입니다.

이럴 때도 부드러우면서 단호한 교사는 "점심을 얼마 안 먹어서 배고프지?(공감) 힘들겠지만, 조금만 참아보자"라고 말해 줍니다. 아이의 불편함을 알아주되, 결과를 경험하게 하는 것입니다. 다른 아이들 몰래 간식을 챙겨주거나 "그러니까 누가 점심 먹지 말래? 다 네 잘못이지"처럼 야단치지 않습니다. 다만, 안전에 대한 문제는 스스로 깨달을 때까지 내버려둘 수 없지요. 안전은 어떤 상황에서도 가장 우선시되어야 합니다.

제인 넬슨(Jane Nelsen)은 《학급긍정훈육법》에서 논리적 결과의 3R을 설명했습니다. 관련성(Related), 존중(Respectful), 합리성(Reasonable)이 바로 그것입니다. 관련성은 앞서 설명한 것처럼 문제 행동과 논리적으로 연결되는 것을 말합니다. 복도에서 뛰었다면 천천히 걷는 걸 연습해야지, 교실에서 청소를 해야 하는 건 아니란 뜻입니다.

존중은 어떤 경우에도 아이가 모욕적이거나 수치스럽지 않아야 한다는 뜻입니다. 아이에게 창피를 주거나 다른 친구들 앞에서 망신을 줘서 모욕감을 느끼게 하는 것은 교육이 아닙니다. 부드러우면서 단호한 교사는 아이의 자존감을 지켜주면서도 분명한 메시지를 전달합니다.

합리성이란 과하지 않고 적절해야 한다는 말입니다. 한 번 떠들었다고 일주일 동안 친구들과 떨어져서 혼자 앉아 있게 한다면 어떨까요? 합리적이라고 하긴 어렵겠지요. 결과는 행동의 크기에 비례해야 하기 때문입니다.

예를 들어보겠습니다. 숙제를 안 해온 아이를 지도할 때, "숙제 안 했으니까 너는 점심시간에 혼자 교실에 남아 있어. 다른 친구들은 나가서 놀아도 넌 안 돼"처럼 지도하면 어떨까요? 관련성이 없고, 합리성도 떨어집니다. 그보다는 "숙제를 안 하면 배운 내용을 잊어버리게 돼. 다음 수업에서 힘들 수 있어. 선생님이랑 같이 점심 먹고 해보자. 어려운 건 선생님이 도와줄게"라고 하는 게 좋겠지요. 이렇게 지도하면 아이는 왜 숙제를 해야 하는지, 왜 숙제가 중요한지 알 수 있습니다. 또한 선생님이 자신을 지원하려고 한다는 것도 알 수 있지요. 과하거나 무섭지 않고, 논리적으로 연결되어 있고, 선택에 따른 결과를 아이가 스스로 깨닫게 됩니다.

행동은 지적하되, 가능성 믿어주기

✦

부드러우면서 단호한 교사는 "넌 진짜 안 변한다. 지난번에도 그러더니, 또 그러네" "너 때문에 우리 반 애들 다 힘들어" "너 왜 맨날 그러니?"처럼 말하지 않습니다. "네가 방금 한 이 행동은 우리 교실의 약속과 맞지 않아"라고 행동에 초점을 맞춥니다. 아이 자체를 나쁘게 보는 것이 아니라, 행동만 지적하는 것입니다.

여기에 "네가 더 잘할 수 있다는 걸 선생님은 알아"라고 아이의 가능성을 믿어주는 메시지를 강조해서 전달합니다. "이번에는 이렇게 했는데, 다음에는 어떻게 하면 좋을까?"라고 함께 해결책도 찾아가고요.

"실수는 배우는 기회야. 다시 해보자"라는 말도 좋습니다. 실수를 통해 성장한다는 것, 한 번의 실패가 전부가 아니라는 것을 알려주는 말입니다. "선생님이 도와줄 일이 있을까?"라고 물으면 아이는 혼자가 아니라는 안정감을 느낍니다.

이렇게 말하려면 당연히 연습이 필요합니다. 저는 처음에 이런 말이 입에 잘 붙지 않아서 컴퓨터 모니터에 붙여놓고 연습했답니다. 화나는 순간에도 이렇게 말하려면 의식적인 노력이 필요하다는 걸 꼭 기억하세요. 그만한 가치가 있다는 것을 충분히 이해하실 겁니다. 교사의 말 한마디는 정말로 아이의 인생을 바꿀 수 있으니까요.

어떻게 일관성을 지킬 것인가

4학년을 담임할 때의 일입니다. 수업을 마치고 과제를 내는데, 갑자기 한 아이가 손을 들었습니다. "선생님, 지난번에는 수행 평가 보고서는 항상 시간을 일주일씩 주겠다고 했는데, 왜 이번 건 3일만 주세요?" 그때 정말 당황했습니다. 솔직히 그런 말을 한 것도 잊고 있었습니다.

"어제는 괜찮았는데 오늘은 안 된다고요?" 아이들의 이 말만큼 교사를 당황스럽게 만드는 것도 없습니다. 일관성 없는 경계는 아이들을 혼란스럽게 만들고, 교사의 권위를 떨어뜨립니다. 매일 다르게 반응하는 선생님 앞에서 아이는 불안해합니다. '오늘은 이렇게 해도 되나?' 끊임없이 교사의 눈치를 보면서 규칙을 시험해봐야 합니다.

반면 예측 가능한 선생님은 안정감을 줍니다. 규칙을 시험해볼 필요 없이 아이 스스로 자기 통제 능력을 발달시킵니다. 예측 가능한 학급 운영은 교사에게도 유리합니다. 에너지를 아껴주기 때문입니다. 매번 자세히 설명할 필요가 없고, 학급은 안정되어 있으며, 선생님은 공평하고 믿을 만한 어른이라는 신뢰를 얻습니다. 부드러우면서 단호한 교사는 일관성을 발휘해 더 많은 활동을 하고도, 더 적은 에너지를 사용합니다.

일관성을 무너뜨리는 함정들

✦

그렇다면 일관성을 유지하기 어렵게 만드는 것은 무엇일까요? 현장에서 교사들이 자주 빠지는 함정들을 살펴보겠습니다.

첫째, 기분에 따라 반응합니다. 기분이 좋을 때는 "오늘은 특별히 괜찮아"라고 했다가 기분이 나쁠 때는 같은 행동에 "뭐 하는 거야" 하고 소리칩니다. 부드러우면서 단호한 교사는 자신의 감정을 인식하되 원칙을 흔들지 않습니다. "선생님이 오늘 컨디션이 좀 안 좋아서 그런지 예민하네. 미안해. 하지만 우리 반 규칙은 언제나 똑같아"처럼 말합니다.

둘째, 시간에 따라 변동됩니다. 아침에는 엄격했다가 오후에는 느슨해지거나, 금요일에는 대충 넘어가는 식입니다. 아이들은 교사의 이런 패턴을 금방 파악합니다. 부드러우면서 단호한 교사는 하루 종일, 일주일 내내 동일한 기준을 유지합니다.

셋째, 학생에 따라 대우가 달라집니다. 선호하는 성향의 아이에겐 유독 관대한 편입니다. 제가 아는 교사 중엔 여학생들에게는 유난히 관대해서 어지간한 건 다 봐주는 교사도 있습니다. 이 역시 공평하지 않지요. 특히 아이들은 공평함에 매우 민감합니다. 부드러우면서 단호한 교사는 모든 아이에게 동일한 기준을 적용합니다. 다만, 특수한 상황이 있을 때는 투명하게 설명하며 상황을 고려합니다.

넷째, 피곤하면 "오늘은 너무 피곤해서 그냥…" 하고 넘어갑니다. 하지만 이렇게 넘어가면 다음에 아이들에게 "지난번에는 괜찮았잖아요"라는 말을 듣게 됩니다. 그 결과 나중에 열 배로 힘들어지지요.

일관성을 유지하는 5가지 전략

✦

일관성을 유지하려면 전략을 세워야 합니다. 첫 번째 전략은 핵심 규칙 몇 가지만 정하는 것입니다. 모든 것을 일관되게 하려면 피곤하고 빨리 지치기 때문에, 정말 중요한 것만 선택해서 지킵니다. 예를 들어 안전(폭력 쓰지 않기), 존중(서로 예의 지키기), 책임(선택의 결과 받아들이기), 학습(배움에 힘쓰기)과 같은 핵심 가치만큼은 예외 없이 지킵니다.

두 번째 전략은 자동적인 반응을 패턴화하는 것입니다. 특정 행동에 대한 일관된 반응을 만들어두는 것이지요. 예를 들어 친구를 때리면 5분 진정하는 시간을 갖고, 교사와 대화한 뒤, 사과하는 순서로 해결합니다. 욕을 하면 즉시 제지하고 누구든 "우리 반에서는 안 돼"라고 말해준 후 적절한 대체 표현을 알려줍니다. 수업을 방해할 때는 1회는 비언어 신호로 주의를 주고, 2회는 이름을 부르며 주의를 주고, 3회가 되면 교사 쪽으로 자리를 3분간 옮기게 합니다. 이런 패턴을 항상 똑같이 유지하는 것입니다.

세 번째 전략은 감정과 원칙을 분리하는 것입니다. "선생님은 지금 너한테 화가 났어. 하지만 그것과 상관없이, 우리 반 규칙은 언제나 이거야"라고 말하며 교사 자신의 감정을 인정하고 존중하되 규칙은 그것과 분리해서 적용합니다.

네 번째 전략은 예외가 생길 때 공개적으로 설명하는 것입니다. "오늘은 비가 와서 특별히 교실에서 놀아도 돼. 이건 오늘만이야. 내일은 다시 원래대로 하는 거야"라고 설명하면서 예측 가능한 학급을 유지하는 것입니다.

다섯 번째 전략은 '예고-실행-후속 지도'의 단계를 거치는 것입니다. "한 번 더 그러면 자리 옮겨서 선생님 옆에 앉아야 해"라고 예고하고, 실제로 그런 행동이 반복되면 "선생님이 아까 말했지? 책상 옮기자"라고 실행합니다. 자리를 원래대로 옮겨준 다음에는 "다음엔 어떻게 행동하면 좋을까?"라고 후속 지도를 합니다. 이 패턴을 일관되게 유지하면 아이들이 스스로 어떻게 행동해야 할지 이해하고 조절하기 시작합니다.

다만 일관성은 경직성이 아니라는 점을 기억해야 합니다. 예를 들어 '숙제는 해야 한다'는 원칙은 같되, 학습이 느린 아이는 분량을 조절해주거나 가정 형편이 어려운 아이는 학교에서 하고 갈 수 있도록 기회나 시간을 제공해주는 식입니다. 혹 ADHD 성향이라면 짧은 과제로 나누어서 제시할 수도 있고요. 이런 개별화 지도에 대해서도 아이들에게 투명하고 부드럽게, 충분히 설명해줍니다.

일관성을 유지하면 놀라운 변화가 찾아옵니다. 아이들이 규칙을 시험하지 않게 되고, 학급이 안정되며, 신뢰가 쌓입니다. 무엇보다 교사가 편해집니다.

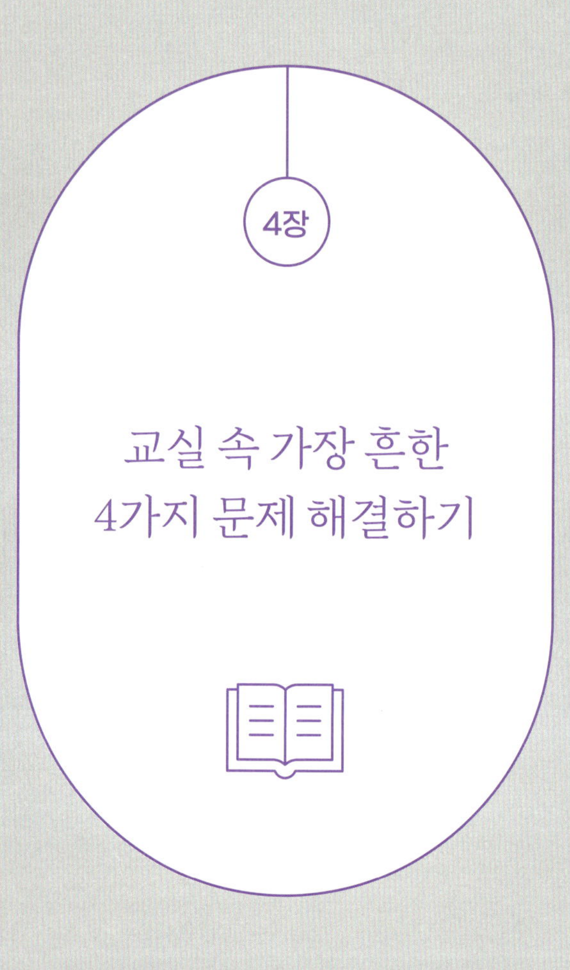

4장

교실 속 가장 흔한 4가지 문제 해결하기

수업을 방해하는 아이 집중시키는 법

교실에서는 예상하지 못한 문제 상황이 다양하게 일어납니다. 아무리 열심히 학급을 운영한다고 해도 그렇습니다. 부드러우면서도 단호한 교실에서는 어떤 상황에서나 '아이의 감정은 수용하되, 부적절한 행동은 명확하게 제한한다'는 원칙을 잘 지켜나갑니다.

수업 시간에 떠드는 아이, 돌아다니는 아이, 친구를 괴롭히거나 말을 거는 아이 등은 어느 교실에나 있습니다. 문제는 이런 행동을 하는 아이가 한둘만 있어도 교사는 에너지가 자꾸 소진되고, 학급은 소란스러워진다는 데에 있습니다. 이때 다른 아이들까지 동조해서 함께 떠들고 장난치면 교사의 심적 에너지는 거의 바닥나버립니다.

그렇다고 큰 소리로 지적하거나 감정적으로 대응하기엔 요즘처럼 교사가 위축되기 쉬운 사회적 분위기에서 심리적 부담이 만만치 않습니다. 게다가 간혹 문제가 악화되는 경우도 있고요. 이럴 때는 부드러우면서 단호한 태도를 갖추고 하나씩 단계별로 지도해보세요.

1단계 비언어적 신호와 근접 지도

문제 행동의 대부분은 비언어적 신호만으로도 해결이 가능합니다. 매번 아이의 이름을 부르거나 전체를 야단칠 필요는 없습니다. 먼저 문제 행동을 하는 아이에게 눈 맞춤과 표정으로 신호를 보냅니다. 아이와 눈을 맞춘 다음 가볍게 고개를 젓거나 손을 들어 제지하는 식으로 사전에 약속된 행동을 합니다. 눈 맞춤과 손동작, 고개 젓기 등으로 '지금은 집중해야 해' 같은 신호를 보내는 것입니다.

다음은 근접 지도입니다. 문제 행동을 하는 아이에게 교사가 가까이 다가가는 것입니다. 옆에서 가볍게 책상을 톡톡 두드리거나 어깨에 살짝 손을 얹는 정도만 해도 효과적입니다. 근접 지도 이후에도 같은 행동이 반복되면 그땐 그 아이의 이름을 부릅니다. 그것도 소리 지르듯이 "야, 김민수!"처럼 야단치는 것이 아니라 "민수, 민수는 이거 어떻게 생각하니?"처럼 자연스럽게 묻는 식입니다. 이런 행동은 아이에 대한 비난, 판단, 평가가 아니라 자연스럽게 수업에 다시 불러들이는 지도입니다.

특히 이때 표정이나 몸짓, 말투, 목소리의 높낮이 등이 위협적이거나 무섭게 다그치는 식이 되어선 안 됩니다. 학급 학생 모두가 보는 앞에서 창피를 준다거나 모욕감을 느끼게 하는 식이어서도 안 되고요. "그래, 선생님이 우리 민수 의견 듣고 싶었어. 민수가 잘해주리라 선생님은 늘 믿고 있어. 민수도 알지?"처럼 주의를 환기시키고 교사가 주시하고 있다는 걸 짚어줍니다.

2단계 조용히 개별 대화하기

1단계로는 해결이 안 될 수 있습니다. 이럴 때는 수업을 멈추지 않고 아이에게 조용히 다가갑니다. 눈을 맞추면서 물어봅니다.

교사: 민수야, 선생님이 방금 뭐라고 설명했는지 들었니?(문제 상황 확인)

민수: 아니요.(아이 대답 먼저 듣기)

교사: 선생님이 설명할 때 네가 수완이랑 이야기하느라 잘 못 들었을 수도 있어.(아이에게 문제 상황 짚어주기) 지금 집중이 잘 안 되는 것 같은데, 지금부터 딱 5분만 집중해보자.(구체적인 수치로 해야 할 일 알려주기) 선생님이 조금 있다가 확인하러 올게.(예측 가능하게 지도하기)

다른 아이들이 들을 수 없을 정도로 작은 소리로 해야 할 일을 짚어주고, 교사가 기대하는 바를 말해줍니다. 아이를 비난하지 않고, 해야 할 일이 무엇인지를 명확하게 알려주는 지도가 되어야 합니다. 이때는 구체적인 행동이나 시간을 알려주는 게 좋습니다. "29쪽 문제 풀어볼까" 또는 "10분만 집중해서 해보는 거야"처럼 말입니다.

3단계 행동에 따른 책임으로 선택하게 하기

아이는 자신의 행동에 책임지는 태도를 배워야 합니다. 이 정도로 알려줬음에도 계속 반복해서 잘못된 행동을 한다면 그에 따른 책임을 선택할 권리가 있다는 것도 지도해야 합니다.

교사: 준현아, 지금 선택할 수 있거든.(선택의 권한이 아이에게 있다는 것 알려주기) 첫 번째, 자리에 조용히 앉아서 하던 걸 마저 하는 거야. 두 번째, 조용히 심호흡을 서른 번 정도 하고 나서 다시 수업하는 거야. 어떤 거 할래?(선택할 기회 주기)

이렇게 하고도 아이가 옳은 선택을 하지 않거나 수업을 방해하는 행동을 한다면, 그땐 약속된 코너, 활동, 행동 등을 하게 해야 합니다.

교사: 선택하는 게 어려우면 선생님이 도와줄 수 있어.(교사가 함께하고 있음을 부드럽게 짚어주기) 일단 이 의자에 앉아서 잠시 쉬는 거야. 심호흡을 서른 번 이상 해서 마음을 가라앉히고 나서, 준비가 되면 그때 다시 해보자.(지도 내용 부드럽게 설명하기)

이런 식으로 부드럽지만 단호한 태도로 안내하고 아이를 지도합니다. 이것은 처벌이나 징계의 의미가 아니라, 차분해질 수 있는 기회와 시간을 주는 것입니다. 특별히 기억해야 할 것은 이렇게 지도하기 위해서는 사전에 학교의 학생 생활 규정상 문제가 없는지 확인하고, 문제가 없다면 그때 학급 규칙으로 아이들과 학부모에게 설명해줘야 한다는 것입니다. 이렇게 모두가 다 아는 약속이고, 학급 구성원이 동의한 상태라면 이런 지도가 충분히 가능합니다.

아이가 진정하고 돌아오면 따뜻하게 받아주고 존중해주면 됩니다. 그땐 "그래, 이제 마음이 좀 진정됐니? 다시 수업에 참여해보자"처럼 지도를 이어나가면 됩니다.

가장 중요한 건, 수업 방해 행동이 끝난 다음에 사후 지도를 하는 것입니다.

교사: 민준아, 아까 사회 시간에 무슨 일이 있었던 것 같니?(아이 입으로 문제 상황 확인하기)

민준: 제가 옆에 있는 수혁이의 글씨를 계속 놀려서 아이들이 다 웃었어요.(아이의 대답 경청하기)

교사: 그래, 선생님은 네가 사회 수업이 재미없을 수도 있다는 거 알아. 충분히 이해하고.(존중하기) 하지만 네가 떠들고 장난치면 친구들도 집중하기가 어려워져.(문제가 된 부분 짚어주기) 다음엔 어떻게 하면 좋을까? 네 생각을 말해볼래?(아이의 해결책 먼저 듣기)

선생님은 네가 떠들다가도 선생님이 주의를 주면 조용히 하는 걸로 약속해주면 좋겠어. 선생님이 이름을 부르면서 손바닥을 들어 보일게. 그럼 너는 하지 말라는 뜻으로 이해하는 거지. 어때?(교사의 해결책 제안하기)

아이가 반복해서 같은 문제 행동을 할 땐 이미 패턴화된 경우일 수 있습니다. 특정 과목에 대한 지루함이 문제일 수도 있고, 아침이나 점심시간 이후 졸림이 문제일 수도 있고, 특정한 친구들 옆에만 있으면 장난치는 식으로 일부 친구가 문제일 수도 있습니다.

이런 원인을 파악해서 패턴을 다시 잡아줘야 합니다. 아이의 자리를 옮겨 환경을 바꿔주고, 수업 방식도 달리 해보는 식이지요. 이렇게 아이와 함께 노력할 부분을 찾아야 합니다. 혹시라도 아이가 교사가 말했던 바람직한 해결책을 실천하기 위해 사소하지만 작은 노력이라도 했다면, 놓치지 말고 꼭 칭찬하고 격려해주세요.

친구와 다투는 아이들 중재하는 법

교실에서 가장 문제가 되는 상황이라면 단연 친구 사이의 갈등일 것입니다. 누가 누구를 때렸다, 누가 기분 나쁜 말을 했다, 누가 장난을 치면서 놀렸다, 나만 빼고 논다. 교실에서 교사들은 이런 말을 하루에도 수십 번씩 듣고 또 듣습니다. 아무리 교사가 애를 써도 사실 여럿이 함께 있는 교실에선 당연히 학생들 사이에서 문제가 생길 수밖에 없습니다. 이 갈등을 해결하고, 지혜롭고 평화롭게 극복해가는 것 역시 학생들이 학교에서 배워야 할 부분입니다. 물론 교사도 그렇습니다.

교사는 이런 갈등 상황에서 어떤 태도를 취해야 할까요. 저는 처음엔 피해자와 가해자 사이의 잘잘못을 가리고 판결을 내리는 판사처럼 행동하곤 했습니다. 심지어 A가 B에게 이런 행동을 한 것은 우리 반 규칙에 어긋나니 A는 B에게 사과하고, B는 앞으로 A와 놀지 말고 거리를 두라는 식으로 지도하기도 했죠.

그런데 시간이 갈수록 이런 역할이 과연 옳은가 하는 고민이 들었습니다. 제가 없는 자리에서 벌어지는 사소하고 가벼운 다툼조차도 옳고 그름을 판단해줄 판사(교사)를 기다리느라 아이들이 어떤 행동도 취하지 않는 경우가 있다는 걸 깨달은 다음부터였습니다.

교사의 역할이 단순하게 학생들 사이의 잘잘못을 가리고 판결하는 것이어선 안 된다고 생각하게 된 계기였습니다. 학생들 스스로 문제를 해결하기 위해 노력하고, 갈등을 중재하는 역할을 배우고 경험할 기회를 줘야겠다고도 생각하게 되었지요.

이걸 배우는 과정 자체만으로도 가치가 있다고 생각합니다. 갈등이 없는 교실은 어디에도 없거니와, 더 나아가 갈등이 없는 인간관계도 없기 때문입니다. 어차피 갈등은 있을 것이고, 어떻게 해도 모든 관계는 모든 이를 만족시킬 수 없습니다. 그렇다면 학생들 스스로 관계의 문제를 해결하고, 갈등을 해소하기 위해 노력하도록 만드는 것이 교사가 지도해야 할 부분이라는 점 또한 명확해집니다. 다소 시행착오는 있을지 몰라도, 갈등을 해소해가는 과정을 배운다면 분명 그만큼 평화로운 교실을 향해 한 걸음 더 다가서 있을 것입니다.

친구 관계의 갈등을 해소하기 위해 교실에서 다양한 시도를 해보았는데, 다음의 지도가 가장 효과적이었습니다.

1단계 갈등 상황 파악하기

신체적인 피해가 있고, 감정이 격화된 상태라면 무엇보다 학생들을 안전하게 보호해야 합니다. 학생들 사이에 물리적인 거리를 두는 것입니다. 이때는 교사가 학생들 사이를 가로막고 두 학생을 떨어지게 하는 것이 좋습니다.

교사: 잠깐만, 멈춰봐.(일단 말과 행동을 멈추게 하기) 둘 다 떨어져. (명확하게 지시하기) 넌 여기, 너는 저기 있어.(물리적인 거리 지정하기) 선생님이 도와줄게. 선생님한테 어떻게 된 건지 차근차근 말해줘.(교사의 개입 시사하기)

이때 교사는 단호하고 침착하게 말해야 합니다. 당황하거나 우물쭈물하면 학생들은 교사의 개입을 번거로워하거나 귀찮아하기도 합니다. 낮고 분명한 목소리로, 단호함을 느낄 수 있도록 힘을 주어 말하세요. 교사가 누구 편도 들지 않고 중립적으로 대하겠다는 것을 보여줍니다.

학생이 감정적으로 많이 격앙된 상태라면 진정시키는 방법이 필요합니다. 첫 번째는 심호흡을 시키는 것입니다. 심호흡은 반복하는 것만으로도 뇌파를 낮추고 감정을 가라앉히는 효과가 있습니다.

교사: ○○이가 화가 많이 났네.(감정에 이름 붙이기) 선생님이랑 같이 심호흡해보자.(교사의 개입 시사하기) 천천히, 깊게 숨을 쉬어볼까?(직접 지도하기) 선생님 따라서 해봐. 후~, 다시 후~, 한 번 더 후우~ (시범을 보이면서 심호흡 반복하게 하기)

감정이 가라앉고 차분해질 때까지 반복해야 합니다. 몇 번 하다가 멈추고 괜찮냐고 물어볼 게 아니라, 정말로 눈빛이 부드러워질 때까지 반복해야 합니다.

두 번째 진정시키는 방법은 시간과 공간을 주는 것입니다. 격하게 울거나 흥분했을 때는 바로 대화 나누기 어렵습니다. 이럴 때는 아이가 진정할 때까지 시간을 줘야 합니다. 혼자서 감정을 가라앉힐 수 있도록 공간을 제공해주는 것이 좋습니다.

교사: 지금 너무 화가 많이 나서 대화가 어려울 것 같아.(아이의 감정 설명하기) 선생님이 지후랑 같이 복도에 있을 테니까, 그동안 수민이는 화장실 가서 세수하고 오렴.(학생들의 신변을 보호하면서 분리할 시간과 공간 제공하기)

5분에서 10분 정도의 시간을 준 다음 다시 대화를 나눠보면 처음보다는 확실히 가라앉아 있다는 걸 느낄 수 있습니다.

마지막은 감정을 표출할 기회를 주는 것입니다. 소리를 지르거나 발을 쾅쾅 구르거나 팔을 휘두르거나 하는 식으로 말입니다. 물론 누군가 다치지 않도록 다른 학생들과 멀찌감치 떨어뜨려 놓아야겠지만, 다양한 학생을 지도해봤을 때, 앞의 두 방법으로도 진정이 안 되면 아예 소리 지르고 실컷 울 기회를 주는 것도 좋았습니다.

이런 시간이 충분히 제공되어야 진정이 되고, 마음이 가라앉습니다. 이 과정이 다소 번거롭고 시간이 걸리는 것 같지만, 어떤 학생은 이 과정을 거친 다음에야 이성적인 대화가 가능해집니다. 서두르지 말고 기다려주세요.

2단계 감정 수용하기

감정적인 폭풍이 지나간 다음에는 이성적인 대화가 가능합니다. 이때는 개별적으로 한 명씩 이야기를 들어줍니다. 저는 두 아이 모두를 앉혀놓고 한 명씩 차례대로 이야기해보게 했습니다. 단, 이때는 중간에 말을 끊거나 끼어들지 않도록 먼저 지도해야 합니다.

교사: 선생님이 지금부터 어떻게 된 일인지 들어볼 건데, 중간에 이야기를 끊으면 안 돼. 알겠지?(감정 수용 단계에서 주의할 점 알려주기)

지후: 수민이가 제 미술 그림에 낙서했어요.

수민: 아니에요. 지후가 먼저 제 거에 낙서해서 그랬어요.(끼어든다.)

교사: 아니야. 지금은 지후 차례야. 지후 이야기 다 끝날 때까지 기다려.(부드럽고 단호하게 선 긋기) 너는 네 차례에만 말할 수 있어.(행동 제한하기)

교사: 지후 다시 이야기해봐. 수민이가 미술 그림에 낙서해서 넌 어떻게 했어?

지후: 그래서 저도 수민이 그림에 낙서했어요.

교사: 그 전에는 무슨 일이 있었을까? 아무 일도 없었는데 갑자기 수민이가 네 그림에 낙서했을 것 같지는 않은데?(전후 관계 확인하기)

지후: 쉬는 시간에 잡기 놀이하다가 제가 수민이를 때렸어요.

교사: 잡기 놀이를 하다가 네가 수민이를 때렸구나? 그럼 수민이가 기분이 안 좋았을 것 같은데, 맞아?

지후: 네, 맞아요. 수민이가 울려고 했어요.

교사: 그럼 수민이는 기분이 어땠을까? 선생님 생각엔 마음이 안 좋은 상태로 미술 수업을 시작했을 것 같은데, 넌 어때?(상대의 마음 짐작하게 하기)

지후: 네, 그러긴 했어요. 근데 수민이가 제 그림에 낙서해서 저도 한 거예요.

교사: 그러니까 정리해보면(상황 정리하기), 쉬는 시간부터 잡기 놀이하면서 수민이랑 때리고 놀다가 미술 시간까지 이어졌다는 거네. 수민이가 화나서 네 그림에 낙서를 했고, 너도 수민이가 낙서하니까 똑같이 했다는 이야기네.(객관적으로 상황 짚어주기) 선생님이 이해한 게 맞니?(학생이 한 말을 그대로 정리해서 짚어주되, 자신이 한 말이라는 걸 되새기게 하기)

지후: 네, 맞아요. 잡기 놀이하다가 수민이가 화나서 미술 시간에 제 그림에 낙서한 거예요.(학생 입으로 진술하게 하기)

이때 필요하다면 이 광경을 목격한 주변 학생들의 이야기를 들어서 정황을 더 정확하게 확인할 수도 있습니다.

다음은 두 번째 학생에게 똑같이 기회를 줍니다. 이때도 앞의 학생 때와 마찬가지로 판단하거나 평가하기보다는 있는 그대로의 상황을 되짚어주거나 정리해서 말해주는 정도만 하는 게 좋습니다. 특히 교사가 학생의 감정을 무시하거나 판단하는 말을 하는 건 삼가야 합니다.

- 그건 네가 잘못했네.(판단)
- 그런 행동은 착한 행동이 아니지.(평가)
- 그렇게 하면 친구가 싫어하지.(편들기)
- 내가 그런 거 하지 말라고 했잖아. 너 왜 그랬어?(추궁하기)

이렇게 말하면 학생들은 교사가 특정 학생의 편을 들었다고 생각하거나 비난받는다고 생각하기 쉽습니다. 애써 지도하고도 자칫 오해를 살 수 있지요. 이때 부드러우면서 단호한 교사는 이런 식으로 말합니다.

교사: 화날 수는 있어. 인간이라면 누구나 화날 때가 있어. 선생님도 그래.(감정 존중하기) 하지만 아무리 화가 나도 때리는 건

안 돼. 그건 해서는 안 되는 행동이야.(부드럽게 선 긋기) 누가 잘하고 잘못했고보다 더 중요한 건 앞으로야. 앞으로 비슷한 일이 있을 때 어떻게 행동할지 너희들은 선택할 수 있어. 자신의 행동에 책임지는 자세를 배워야 하고, 얼마든지 그렇게 행동할 수 있어.(바람직한 해결 방법 제안하기)

3단계 중재하기

중재란 당사자들이 이야기할 기회를 만들어주는 것입니다. 나서서 문제를 해결하는 게 아니라, 지켜보고 돕는 것입니다. 교사의 역할은 바로 이런 것이어야 합니다. 중재할 때는 편안하게 대화할 정도의 공간을 확보하고 교사가 가운데 또는 약간 옆으로 비켜 앉습니다. 학생 둘이 서로 얼굴을 보면서 이야기할 수 있게 해줍니다.

교사: 이제 양쪽 이야기를 다 들어서 어떻게 된 일인지 선생님은 이해했어. 두 사람 모두 화나고 속상했을 것 같아. 이제 서로 마주 앉아서 이야기해보자. 지후는 수민이가 미술 시간에 낙서를 해서 속상했고, 수민이는 지후가 잡기 놀이할 때 아프

게 때려서 기분이 나빴다고 했어. 두 사람 다 인정하니?(상대의 관점 나누기) 서로 어떤 느낌이 들었는지 이야기해볼까? 지후는 수민이 이야기 듣고 어떤 생각이 들었니?(상대의 감정 이해하기)

지후: ….(대답을 잘 하지 못하면 교사가 대신 정리해주기)

교사: 선생님 생각엔 지후는 수민이가 그림에 낙서할 거라고 예상하지 못해서 당황했을 것 같아. 애써 그린 그림에 낙서를 해서 속상하고 화났을 것 같고. 수민이는 지후 이야기 듣고 어떤 생각이 들었니?

수민: 열심히 그린 그림에 낙서를 해서 미안하다는 생각이 들었어요. 하지만 정말 아팠어요.

교사: 지후는 어때? 수민이가 그렇게 아팠다는데, 어떤 생각이 들어?

지후: 미안해요. 아프게 때려서.

4단계 해결책 찾기

중재의 시간이 지나면 둘이 이야기해볼 기회를 줍니다. 아이뿐 아니라 어른들도 스스로 제안한 해결책은 더 잘 지키기 마련입니다. 이런 과정은 문제를 해결하는 능력도 길러줄 수 있고요. 이 문제를 학급 전체로 확대해서 해결책을 생각해보게 하는 것도 좋습니다. "이런 일이 있었는데, 앞으로 비슷한 일이 우리 반에서 안 일어나려면 어떻게 하면 좋을지 이야기해 볼래?" 하고 물어보는 것이죠. 이때 "사이좋게 지낸다" "화내지 않는다" 같은 식의 해결책을 내놓는 학생들도 더러 있을 겁니다. 하지만 이건 해결책이라고 하기 어렵습니다. 해결책이란, 반드시 구체적인 계획이 나와야 합니다. 이를테면, 이런 것입니다.

· 다음엔 잡기 놀이를 하되, 때리는 행동을 하지 않는다. 만약 때리는 친구가 있다면 놀이에서 제외한다.
· 잡기 놀이는 점심시간에만 한다.
· 미술 시간에 남의 작품은 훼손하지 않는다. 만약 훼손할 시 똑같은 그림을 그려서 준다.

앞의 예시는 실제로 저희 반에서 있었던 일에 대해 아이들이 내놓았던 해결책입니다.

5단계 관계 회복을 위한 지도하기

마지막은 관계 회복을 위한 지도입니다. 두 아이에게 강제로 사과시키고 악수하라는 식으로 지도하는 경우가 많지만, 그

건 억지 사과에 불과해서 금방 또 다른 갈등을 만들어냅니다. 그보다는 직접적으로 이야기를 나누게 하는 게 좋습니다.

교사: 두 사람이 서로에게 하고 싶은 말 있으면 해볼래?

지후: 네가 그렇게 아파할 줄 모르고 때린 거 미안해.

수민: 나도 네가 애써 그린 그림에 낙서한 거, 정말 미안해. 앞으론 안 그럴게.

교사: 서로 사과했으니까 하이 파이브하고 용서할까?

지후, 수민: (하이 파이브하고 마무리)

교사: 선생님은 앞으로 똑같은 일이 또 일어나는지 지켜볼 거야. 앞으로는 두 사람 다 조심해야 해. 상대에게 상처 주고 때리는 식의 행동은 하면 안 돼. (추수 지도까지 이야기하기)

이 모든 조치에도 불구하고, 더욱 주의 깊게 확인해야 할 것은 학생 한쪽이 일방적으로 괴롭히는 경우입니다. 명백하게 가해를 하고 있다면 그건 대화 정도로 해결되기 어렵습니다. 교사가 분명하게 학부모와도 상담해야 하고, 잘못된 행동임을 명확하게 지도해야 합니다. 지속적으로 모니터링하면서 학생들 사이의 따돌림이나 집단적인 움직임이 없도록 특별히 주의해서 지도하는 게 좋습니다.

갈등은 갈등 나름의 가치가 있습니다. 아무런 갈등이 없는 관계란 애초에 존재하지 않습니다. 부모와 자식도 그렇고, 형제자매 사이도 그렇습니다. 쌍둥이도 그렇지요. 하물며 남남인 친구 사이에선 더 그렇지 않을까요? 이 과정도 아이들에겐 배움이고 성장이라고 생각하고, 시간을 들여 부드럽고 단호하게 지도하기 바랍니다.

숙제도 준비물도 안 챙기는 아이 지도하는 법

매일 숙제를 안 해 오는 아이, 준비물을 놓고 오는 아이, 수업 시간에 딴생각에 빠지는 아이, 지각하는 아이, 수업 시간에 해야 할 과제를 수행하지 않는 아이. 이런 아이들이 어느 교실에나 있을 겁니다. 한두 번도 아니고 거의 매일 같이 반복되는 불성실한 태도에 교사는 화가 나고, 답답할 거고요.

오래 학생들을 지켜본 결과, 문제 행동에는 언제나 그 이면에 숨은 동기들이 있었습니다. 교사가 그 이면을 들여다보고 문제의 원인을 찾아내서 도와주는 것. 이것이 부드러우면서도 단호한 교사가 해야 할 일입니다.

이런 학생이 교실에 있을 경우, 몇 가지 단계를 나누어 접근하는 것이 좋습니다.

1단계 원인 파악하기

이유를 묻고, 원인을 정확하게 파악해야 합니다. 그래야 문제 행동도 수정할 수 있습니다. 이때 이유를 묻는 것과 비난은 다르다는 점을 기억해야 합니다. "너 왜 자꾸 그러는데. 이게 도대체 몇 번째니? 선생님이 몇 번을 말해야 돼?" 이렇게 말하면 대답의 여지가 없습니다. 대답을 듣고 싶어서 하는 말이라기보다는 학생의 행동을 비난하고, 책망하는 말이니까요. 학생들은 자신을 비난하는 말이나 책망, 평가, 판단하는 말 앞에서 거짓말을 늘어놓거나 말도 안 되는 변명을 하기 일쑤입니다. 이와 반대로 위축되고 움츠러들거나 아예 입을 닫아버리기도 하고요. 그보다는 원인을 파악하기 위한 질문을 해야 합니다.

교사: 너 왜 자꾸 그러는데. 이게 도대체 몇 번째니? 선생님이 몇 번을 말해야 돼?

교사: 수아야, 요즘 숙제를 안 해오는 일이 몇 번 있었잖아. 이번 주에만 두 번째야.(문제 상황 짚어주기) 왜 숙제를 못 해오는 건

지 선생님한테 얘기해줄 수 있을까?(부드럽게 묻기) 선생님이 수아를 도와주려고 묻는 거야.(교사의 지도 시사하기)

이렇게 물어야 방어적인 태도로 나오지 않고, 대화할 마음이 듭니다. 똑같은 내용의 말이지만, 비난과 원인 파악의 말이 사뭇 다르다는 게 느껴질 겁니다. 문제 행동 앞에서도 차분하고 부드럽게, 마음을 열고 이야기를 들을 준비가 됐다는 걸 보여주는 게 중요합니다.

대화를 할 때는 개별적인 장소에서 하는 게 좋습니다. 아무래도 개인적인 이야기가 나올 수도 있고, 학생의 가정 형편에 대한 이야기를 하게 될 수도 있기 때문입니다. 전체 학생 앞에서 이야기하기보다는 조용히 따로 불러서 아침 자습 시간이나 점심시간, 방과 후 시간 등을 활용해 이야기 나누는 게 좋겠지요. 5분이나 10분 남짓이면 학생도 부담 없이 대화할 수 있습니다.

2단계 원인에 따른 대응 전략

학생들의 말을 자세히 들어보면 과제를 안 하는 데에는 여러 가지 이유가 있습니다. 과제가 너무 어렵거나, 집에서 함께해

줄 사람이 없거나, 습관이 잡혀 있지 않거나 숙제에 대한 의지가 전혀 없거나 등입니다. 그 원인에 따라 적절히 대응합니다.

과제가 너무 어려운 경우

어떤 학생에게는 주어진 시간 내에 뚝딱 해결할 수 있는 과제이지만, 어떤 학생에게는 어렵고 힘든 과제일 수 있습니다. 모든 학생에게 같은 과제를 제시하기보다는 학생이 스스로 선택해서 할 수 있도록 과제의 난이도를 다양하게 제공하는 것이 좋겠지요.

간혹 교사가 개별적으로 학생의 과제 수행에 도움을 줘야 하는 경우도 있습니다. 이때는 아침에 10분 정도 빨리 와서 함께 해결하기, 수업 끝나고 10분씩 과제 되짚어보기, 틀린 문제 한 번씩 더 풀어보기 등을 해결 전략으로 제시합니다.

특히 수업 시간에 해결해야 하는 과제를 어려워하는 학생은 나름의 신호를 보내는 경우가 많습니다. 특별히 관심이 필요한 학생은 수업 시간에 두드러지게 나타나는 이런 신호를 살펴보면 좋습니다.

· 한숨을 길게 쉬면서 힘든 내색을 한다.

· 과제에 손을 대지도 않는다.

· 불안해하거나 울먹인다.

· 이 과제를 어떻게 하는 것인지 다시 묻는다.

사전에 이런 신호에 대해 약속을 해둡니다. 가만히 손을 들고 기다리기, 손가락 2개를 세우기 등 수신호를 하면 교사가 가서 도와준다는 것을 지도해두는 겁니다.

교사: 만약 선생님이 방금 하라고 한 것(과제 수행)에서 어려운 부분이 있으면 가만히 손 들어줘.(해야 할 행동 알려주기) 선생님이 가서 도와줄게.(교사의 개입과 지도가 있음을 예측하게 하기)

가정에서 도움이 필요한 경우

집에서 누군가 도와줘야 과제를 하는 것도 몇 가지로 나눠서 생각해볼 수 있습니다. 부모가 매번 도와주는 것이 버릇이 된 경우와 과제가 스스로 해결하기엔 너무 어렵거나 학원 숙제가 많아서 학교 과제를 미처 하기 어려운 경우입니다. 부모가 도와주는 것이 버릇이 된 경우라면 "앞으로는 스스로 과제를 할 수 있게 옆에서 지켜봐주시면 더 좋을 것 같아요"라는 메시지를 학부모에게 보내 가정과 협력하여 지도해야 합니다.

반대로 도와줄 사람이 집에 없고 스스로 해결하기엔 너무 어려운 과제라면 학교에서 과제를 하고 갈 수 있게 도와주는 것이 좋고, 학부모가 도와줘야 할 최소한의 분량만 부탁하는 것이 좋습니다. "과제가 많진 않지만, 그래도 한 주에 한두 번 정도는 가정에서 과제를 하고 있는지 확인 부탁드려요" 정도로 학부모에게 협력을 구하는 게 좋습니다.

습관이 안 잡힌 경우

말 그대로 숙제하는 습관 자체가 없거나, 스마트폰, 게임, 유튜브 등에 빠져서 과제할 여유가 없거나, 알림장을 안 쓰거나 하는 경우입니다. 숙제하는 습관이 없다면 만들어야 합니다. 교사가 일일이 개입해서 지도할 수는 없기 때문에, 플래너 쓰기 등을 지도하는 게 좋습니다. 특히 과제를 안 하던 아이가 갑자기 하려면 힘들어하기 때문에 과제를 작게 쪼개서 하게 합니다.

교사: 왜 익힘책 숙제 안 했니?

지후: 너무 많아서요.

교사: 음, 그렇지만 다른 친구들은 다 했잖아. 지후만 안 했고. 이유를 한 번 더 생각해볼까?(힘든 원인 생각해보게 하기)

지후: 한 번에 다 하려고 하니까 힘들어요.

교사: 맞아. 익힘책을 한 번에 다 풀려고 하면 힘들지? 익힘책을 풀 땐 5개 풀고, 잠깐 쉬었다가 다시 5개 풀어봐.(과제 쪼개주기) 어떻게 하라고 했니? 지후가 설명해볼까?

지후: 한 번에 다 하지 말고, 5개 풀고 쉬었다가 다시 5개 푸는 식으로 하랬어요.(아이 입으로 진술하게 하기)

스마트폰, 게임, 유튜브에 빠진 경우라면 하루 루틴을 확인하고, 이 루틴에 과제하는 시간을 끼워 넣도록 지도합니다.

교사: 지후야, 집에 가면 어떤 일을 하는지 말해볼래?(하루 루틴 확인하기)

지후: 학원 갔다가 집에 가면 7시인데요. 7시부터 밥 먹고, 씻고 나면 8시 반쯤 돼요.

교사: 그다음은 무슨 일을 하지?

지후: 거실에서 책 읽고, 그다음은 게임해요. 게임은 스마트폰으로 11시까지 하는데, 게임하면 엄마가 뭐라고 해서 학원 숙제하고 나서 해요. 늦을 때는 1시까지 게임하다가 자요.

교사: 그럼, 이렇게 하자.(구체적인 루틴 정해주기)

일단 해야 할 일을 먼저 하는 거야. 학교 숙제나 학원 숙제를 먼저 해. 숙제 다 하면 그다음에 책을 읽도록 해. 그러고도 시간이 남으면 게임을 하자.
대신에 잠자는 시간은 매일 똑같이 지켜야 돼. 할 수 있겠니?
앞으로는 매일 몇 시에 숙제하고, 몇 시에 게임했는지 플래너에 적어오렴.

알림장은 짝과 함께 서로 확인하게 하는 식이 좋은데, "서로 알림장 다 썼는지 바꿔서 읽어보자" 정도만 해도 효과적입니다. 이런 걸 버디 시스템(Buddy System)이라고 하는데, 교사가 일일이 개입하지 않아도 확인할 수 있고, 학생들끼리 서로 도움을 줄 수 있습니다.

3단계 성공 경험 쌓기

작은 성취와 노력을 꾸준히 경험하면 반드시 습관은 잡히기 마련입니다. 과정을 집중적으로 칭찬하고, 애쓰고 노력한 것을 격려해주세요. 교사가 학생의 과정과 노력의 성취에 대해 짤막하게나마 메모해두면 나중에 칭찬할 때 활용하기 좋습니다.

· **월:** 지후 익힘책 과제 15개 제대로 풀어옴.

· **화**: 지후 수학 시간에 농담 없이 집중함.

· **수**: 부모님에게 문자 발송.

· **목**: 지후 알림장 확인, 잘하고 있음.

이렇게 메모해둔 내용을 바탕으로 학생과 대화하면 훨씬 구체적이고 진심 어린 칭찬이 가능합니다. "요즘 잘하고 있더라" 같은 막연한 칭찬보다 "월요일에 익힘책 15개를 제대로 풀어왔고, 화요일에는 수학 시간에 정말 집중하더라"처럼 구체적으로 말해주면 아이는 선생님이 자신에게 진심으로 관심을 갖고 있다는 것을 느끼게 됩니다.

교사: 오늘은 지후도 익힘책 숙제를 해왔네. 다 맞은 건 아니지만, 그래도 1번부터 15번까지는 성실하게 풀었어. 글씨를 보니까 그런 것 같아. 어때, 선생님 말이 맞니?

지후: 네, 그다음부턴 지루해서 제대로 못 했어요.

교사: 지후야, 너 전에는 15개 못 풀었잖아. 그 전엔 10개도 제대로 못 풀었지. 지금은 15개나 푸는 거야. 그만큼 너 스스로 늘었단 뜻이야. 선생님은 그걸 칭찬하고 싶어.(과정과 노력 칭찬하기)

아이의 성장과 향상을 칭찬하고 싶을 때 칭찬 샤워를 하는 것도 좋습니다. 칭찬 샤워는 모든 아이가 좋아합니다. 학급 친구들이 모두 돌아가면서 그 친구에 대해 칭찬하고 싶은 말을 들려줍니다. 교사도 그동안 메모해둔 아이의 크고 작은 성취를 읽어줍니다.

과제를 제때 수행하지 못하거나 잘 못하는 것은 도움을 줘야 한다는 신호입니다. 학습에 뒤처질 수 있다는 신호이고요. 이 신호들을 파악해서 적절히 도와주고, 좋은 습관을 만들어가도록 지도하는 것이 부드러우면서 단호한 교사의 역할입니다.

같은 문제를 반복하는 아이 변화시키는 법

교사로서 학생들을 보면서 가장 자주 가졌던 의문 중 하나가 '왜 문제 행동은 반복될까'였습니다. 왜 어떤 아이는 늘 지각을 할까, 왜 어떤 아이는 늘 욕을 할까, 왜 어떤 아이는 늘 친구를 때릴까 하는 의문이었죠. 처음 한두 번이야 차분하게 대응한다고 해도 반복되면 당연히 교사도 지치고 회의감이 듭니다.

그런데 경험이 쌓이고 시간이 흐르면서 하나 깨달은 것이 있습니다. 아이들의 모든 행동에는 반드시 원인이 있다는 것입니다. 이 원인을 찾고, 그에 맞게 학부모와 협력해서 함께 지도하는 식으로 대응하지 않는다면 결코 나아지지 않는다는 것이지요.

문제 행동에 원인이 있다는 것은 전략적인 대응이 필요하다는 뜻입니다. 즉흥적으로 혼을 내거나 야단치는 식의 일회성 지도로는 효과가 나지 않습니다. 차분하게 원인을 파악하고, 부드럽고도 단호한 태도로 일관되게 지도하는 게 중요합니다.

이걸 행동 심리학에서는 ABC이론이라고 합니다.

· **선행 사건**(Antecedent): 행동하기 전에 일어나는 일을 뜻합니다.
· **행동**(Behavior): 아이가 실제로 한 행동을 뜻합니다.
· **결과**(Consequence): 행동하고 나서 일어나는 결과를 뜻합니다.

예를 들면 이런 식입니다.

· **선행 사건**: 수학 문제를 풀기 시작한다.
· **행동**: 유하가 떠들면서 잡담을 한다.
· **결과**: 교사가 개입해서 유하에게 주의를 준다. 결과적으로 문제를 풀 시간이 줄어들어 문제를 다 해결하지 못한 채 수업이 끝난다. → 문제를 안 풀어도 되는 상황이 된다.

유하가 이런 행동을 한 데에는 선행 사건이 있지요. 수학 문제를 푸는 것입니다. 즉, 유하에게 수학 문제를 푸는 것은 일종의 트리거처럼 문제 행동을 유발합니다. 잡담하고 떠드는 문제 행동이 나타나면 교사가 개입해서 주의를 주고 잔소리를 하게 되지요. 그 결과 문제 풀 시간이 줄어들어 정작 유하는 문제를 다 못 풀고 수업이 끝납니다. 이런 흐름을 끊어내기 위해서는 A를 바꾸든가, B를 바꾸든가, C를 바꾸든가 해야 합니다. 가장 좋은 것은 3가지 다 바꾸는 것이지만, 이것이 어렵다면 하나라도 바꿔야 합니다. 그래야 지도가 효과를 나타내기 시작합니다. 저는 저의 다른 책에서 이것을 '방아쇠 끊어내기'라고 표현했는데, 실제로 문제 행동이나 중독을 예방하는 데에는 이런 전략이 가장 유효합니다.

회피하기 위한 문제 행동 반복

자신이 싫어하는 교과 시간만 되면 자리에서 일어나 돌아다니거나 떠드는 아이가 있습니다. 선호하지 않는 과목의 학습을 회피하기 위해서 그러는 경우입니다. 교사가 개입해서 떠드는 걸 지도하거나 야단치는 사이에 그만큼 시간을 뺏기게 되므로, 결과적으로는 회피하고자 하는 행동을 안 하게 됩니다. 교사가 개입하여 야단치는 것이 오히려 아이의 회피 행동을 도와주는 셈이지요.

문제 행동에 따라 교사가 흔들리면 미처 지도를 다 하지 못한 채 아이에게 휘둘리게 됩니다. 이런 경우에는 문제 행동을 반복해도 소용없고, 해야 할 일은 다 마쳐야 한다고 지도해야 합니다. 즉, 행동의 결과를 바꾸는 것입니다.

교사: 유민아, 자리에 앉아. 하다 만 거 마저 하자.

유민: (자리에 앉아서 하는 둥 마는 둥 한다.)(회피)

교사: 유민아, 지금 안 하면 쉬는 시간에라도 해야 해. 쉬는 시간에 하고 싶니, 지금 하고 싶니.(결과가 달라지지 않는다는 걸 알려주기)

유민: 지금요.

교사: 그래, 지금 바로 하자. 다 하면 선생님 보여줘.(교사가 흔들림 없이 지도함을 보여주기)

관심을 얻기 위한 문제 행동 반복

간혹 신음 소리, 비명, 웃음소리, 농담, 잡담 등 이상한 소리를 반복하는 아이가 있습니다. 아마 여러분도 보셨을 겁니다. 이런 경우, 문제 행동 앞에 있는 선행 사건이 무엇인지 살펴봐야 합니다.

교사나 친구들의 관심을 끌려는 경우, 교사와 친구들이 쳐다보고 반응할수록 행동은 강화됩니다. 더 재미있게, 더 열심히 소리를 냅니다. 이런 아이는 다른 아이가 관심을 받거나 주목을 받는 상황이 되면 질투하면서 더 심해지는 경우도 많습니다. 심지어 혼나는 상황에서도 그다지 불편해하지 않습니다. 아이가 원하는 '주목받는 상황, 관심받는 상황'이 만들어졌기 때문입니다. 이런 아이들은 긍정적으로 관심받는 방법을 몰라서 그렇습니다. 말하자면 선행 사건이 무관심인 것이지요. 이럴 땐 이렇게 말해주면 좋습니다.

교사: 유하야, 아까 왜 그랬는지 말해볼래? 수업 시간에 이상한 소리 내면서 아이들을 웃겼잖아.(문제 행동 짚어주기)

유하: 그냥요. 재밌어서 그랬어요.

교사: 유하야, 선생님은 늘 너를 보고 있어. 네가 그런 소리 안 내도 선생님이 너를 보고 있다는 거 알아주면 좋겠어.(교사가 관심 갖고 있다는 걸 말해주기) 혹시 지루하거나 어려워서 선생님의 도움이 필요하면 전에 약속했던 대로 가만히 손가락 2개 들기로 표시해줘.(B의 대안 행동으로 약속 정해주기) 그럼 선생님이 널 도와줄게.(교사의 관심과 지도가 따를 것임을 알려주기)

의도 없는 문제 행동 반복

이런 사례들이 아니어도 의도 없이 문제 행동을 반복하는 아이도 있습니다. 계속 다리를 떨거나, 계속 볼펜을 누르며 딸깍거리는 소리를 내거나, 계속 연필을 만지작거리는 식입니다. 이런 경우는 충동 조절이 안 되거나 주의력이 부족한 경우일 수 있습니다. 이 경우에도 교사가 꾸준히 관찰하고 누가 기록을 해가면서 학생에게 주의를 기울여야 합니다.

교사: 준우야, 아까 수학 시간에 자꾸 다리 떨어서 친구들이 싫어했잖아.(문제 행동 짚어주기)

준우: 네, 알고 있어요.

교사: 왜 그랬는지 선생님한테 이야기해볼래? 너를 도와주고 싶어서 그래.(교사의 의도 전달하기)

준우: 잘 모르겠어요. 그냥 저도 모르게 자꾸 다리를 떨게 돼요.

교사: 너는 안 그러려고 하는데도 너도 모르게 계속 그런다는 거니? 아니면 수학 문제가 너무 어려워서 그래?(문제 상황 확인하기)

이런 일이 반복된다면 그때는 교사 혼자서 지도하기 어렵습니다. 전문가와 상담이 필요할 수 있으므로, 학부모와 협력해서 지도하는 게 필요합니다. 이런 상황을 학부모에게 전달할 때는 그동안의 꾸준한 관찰과 기록에 따른 데이터를 제시하면서 이야기해야 합니다. 그래야 객관적이고 설득력 있게 들립니다.

교사: 어머니, 안녕하세요. 준우 담임이에요. 준우는 착하고 밝은 아이예요. 늘 저한테 재미있는 이야기도 들려주고, 힘들 땐 웃게 해줘요.(긍정적인 부분 먼저 말하기) 오늘은 준우에 대해서 상담하고 싶은 부분이 있어서 먼저 연락드렸습니다. 제가 그동안 학교에서 준우를 지켜본 결과에 대해서 말씀드리려고 해요.(객관적인 데이터로 말하기)

· 수업 시간에 10분 이상 가만히 집중해 있기가 어렵다.
· 지시한 내용을 듣고 자주 잊어버린다. 물어보면 뭐라고 했는지 이해하지 못할 때도 있다.
· 자리에 앉아 있어야 하는 상황에도 일어난다. 강당에 앉아서 체육 선생님 수업을 듣는 중에 혼자 일어서서 돌아다닌 적도 두 차례 있다.
· 급식실에서 순서를 기다리는 것을 매우 힘들어한다. 못 기다리겠다고 스스로 친구들에게 말하면서 돌아다닌다.

밝고 쾌활한 준우가 이런 부분은 많이 힘들어하더라고요. 준우가 힘들어하는 부분을 가정과 학교에서 함께 도와준다면 준우도 더 재미있고 밝게 공부할 수 있을 것 같아요.(가정에서의 협력 시사하기) 가정에서도 혹시 이런 부분 느끼셨을까요?(가정에서의 모습 이야기 나누기) 그동안 많은 아이를 가르쳤지만, 이런 부분은 어느 아이나 조금씩은 갖고 있어요. 다들 어린아이니까요. 하지만 적절하게 도움을 주고, 가정과 학교가 함께 노력하면 얼마든지 학교생활도 잘하고 공부도 잘하더라고요.(경험에 비추어서 이야기하기) 어떤 도움이든 필요하시다면 말씀해주세요. 저도 최대한 노력해볼게요.(학교에서의 지원이 가능함을 부드럽게 설명하기)

아이의 문제 행동은 한 번에 바로 좋아지지 않습니다. 한참 정체기를 버텨내야 좋아지는 모습을 볼 수 있습니다. 교사가 아이의 문제 행동에 흔들림 없이 부드럽고 단호한 태도를 유지한다면 얼마든지 좋아질 수 있습니다. 이 지도가 효과를 보려면 정말로 꾸준하게, 지속적으로 노력해야 합니다.

그래도 지도가 어렵고 힘들다면 그땐 전문가의 도움도 필요합니다. 학교장과 교감 및 상담 교사, 주변 동료 교사 등과 이야기 나누면서 협력을 구하는 게 좋습니다.

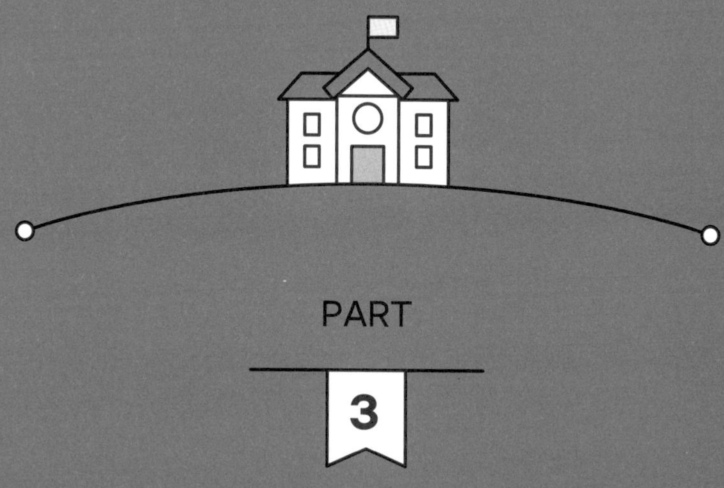

PART

3

특별한 상황과 개별 아이 지도 가이드

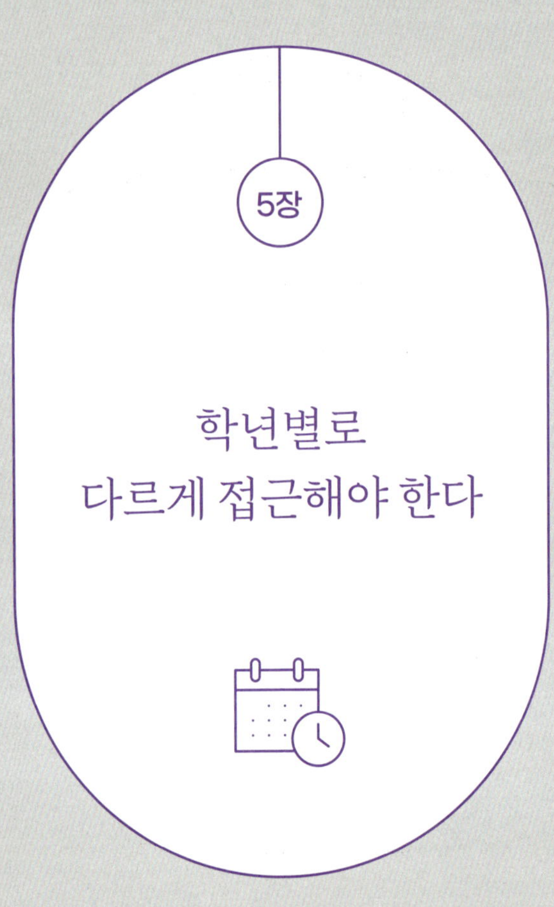

5장

학년별로 다르게 접근해야 한다

저학년

따뜻하게 품고 반복해서 가르치기

같은 초등학생이어도, 아이들은 저마다 다른 세계에 삽니다. 1학년에게는 교사가 전부이지만, 6학년에게는 친구가 더 중요합니다. 1학년은 교사가 누굴 칭찬하고, 어떤 말을 하는지가 중요하지만, 6학년은 또래가 어떻게 말하고, 자신을 어떻게 바라볼지 예민하게 반응하죠. 1학년은 스티커 하나만 줘도 좋아서 함박웃음을 짓지만, 6학년은 시큰둥해하기도 하고요.

부드러우면서 단호한 학급을 경영한다는 원칙은 같아도, 구체적으로 적용하는 방식은 학년에 따라 달라져야 합니다. 저학년 교실에 들어서면 가장 먼저 느껴지는 게 순수하고 열정적인 에너지입니다. 교사를 보면 환하게 웃으면서 달려와 안기고, "선생님!"을 외치는 아이들에게선 애정과 사랑이 저절로 느껴지지요.

저학년 학급 경영의 핵심은 안전한 애착과 명확한 루틴입니다. 이 2가지가 탄탄하게 자리를 잡고 나면 나머지는 자연스럽게 따라옵니다.

안정된 애착은 모든 것의 기초다

✦

아이들과 안전하고 따뜻한 애착을 만드는 것은 모든 것의 기초가 되어줍니다. 아침에도 아이들과 반갑게 인사를 나눠보세요. 저는 저학년을 담임할 때는 일부러 등교 시간에 학생들을 문 앞에서 기다렸다가 하이 파이브, 윙크, 주먹 인사(주먹끼리 가볍게 부딪치기) 같은 재미있는 활동으로 하루를 시작하곤 했습니다.

아이가 불편해하지 않는 선에서의 신체 접촉을 하는 것입니다. 어깨에 살짝 손을 얹거나 머리를 쓰다듬거나 울고 있는 아이를 안아주는 정도입니다. 물론 아이가 불편해하는 느낌이 조금이라도 있다면 하면 안 되겠지요. 하지만 대부분의 저학년 아이들은 악수를 하거나 하이 파이브를 하거나 주먹 인사를 하는 정도의 가벼운 신체 접촉을 좋아합니다.

저학년 아이들은 이런 가벼운 접촉을 '우리 선생님은 나를 좋아해' '선생님이 나를 안전하게 지켜주는 거야'로 이해하기 때문입니다. 여기에 더해 "선생님이 네 이야기를 들어줄게. 선생님은 너를 안전하게 지켜줄 거야"라는 말까지 덧붙이면 아이들은 더욱 안심하고 교사를 든든한 보호자로 여깁니다.

예측 가능한 루틴의 힘

✦

저학년을 가르칠 때 가장 피해야 할 것은 '알아서 잘 하겠지' 하는 기대입니다. 모든 것을 구체적이고 명확하게, 그것도 단계로 나눠서 가르쳐야 합니다. 이것이 가장 중요한 부분이고, 핵심이 되는 부분입니다.

아침에 학교에 오면 어느 복도를 지나고, 신발장에 신발을 어떻게 정리하고, 쓰레기는 어디에 버리고, 식판은 어떤 식으로 받고, 식사 후 잔반이 생기면 어떻게 처리할 것인지 등 모든 걸 가르쳐야 합니다. 이 모든 게 명확하고 분명한 루틴이 되어야만 교사가 한숨 돌릴 수 있답니다.

예를 들어 아침 루틴은 이렇게 만듭니다. 첫째, 신발을 실내화로 갈아 신고 신발장을 정리한다. 둘째, 가방을 사물함에 넣는다. 셋째, 필요한 준비물만 꺼내서 책상 서랍에 넣는다. 넷째, 선생님 책상에 알림장을 낸다. 다섯째, 조용히 자리에 앉아서 책을 읽는다. 이걸 그림 카드로 만들어서 칠판에 부착해둡니다. 그럼 아이들도 이것저것 묻지 않고 그대로 따라 합니다. 그렇지 않으면 "선생님 다 했는데, 이제 뭐 해요?"라는 소리를 아침 시간 내내 들어야 합니다.

화장실에 다녀오는 것도 루틴이 필요합니다. 예를 들면 이렇습니다. 손을 든다. 교사가 고개를 끄덕이면서 다녀오라고 허락하면 조용히 일어나서 화장실에 다녀온다. 교사가 학생이 자리에 앉은 걸 확인한다. 여기까지가 화장실 루틴입니다.

이런 루틴을 가르칠 때 자칫 한도 끝도 없이 늘어질 수 있습니다. 저학년 아이들인 만큼 신발 신는 데도 한참, 가방을 챙기는 데도 한참, 모든 행동에 오랜 시간이 걸릴 수 있습니다. 이럴 땐 게임처럼 하면 더 재미있겠죠. "다 함께 1분 안에 쓰레기 5개 줍기. 누가 빨리 줍는지 볼까? 시작!"처럼 신나고 즐거운 목소리로 말해줍니다. 그럼 확실히 더 재미있게 정리됩니다.

저는 시간 제한을 두기 위해 처음엔 음악을 틀어주다가 나중엔 아이들이 직접 노래를 부르도록 지도했습니다. 정해진 '오늘의 노래'가 끝나기 전에 자리에 앉기, 가방 싸기, 주변 쓰레기 줍기 등의 활동을 하게 한 것입니다. 게임하듯 즐겁게 활동하는 모습을 볼 수 있답니다.

칭찬은 구체적으로, 지시는 간결하게

✦

저학년은 칭찬에 민감합니다. '잘했네' 같은 두루뭉술한 표현보다는 구체적으로 짚어주는 게 좋습니다. "신발장에 준우가 가지런하게 정리를 했네"처럼요. 그래야 아이 스스로 무엇을 어떻게 잘해서 칭찬을 받은 것인지 알 수 있습니다.

저학년에겐 칭찬 스티커나 칭찬 도장도 효과적이지만, 주의해서 사용해야 합니다. 자칫 "이거 다 하면 뭐 해줄 거예요?"라는 소리가 나오기 때문입니다. 예를 들면, '칭찬 스티커 5개 모은 어린이는 선생님 심부름 다녀오기, 별 모양 포스트잇 3장 받기 중 선택하기' 정도로 관심은 있되, 크지 않은 보상이 좋습니다.

교사가 아무리 좋은 걸 준비했어도 학생이 어떤 활동인지 이해하지 못하면 소용이 없겠지요. 저학년은 지시가 복잡하거나 길어지면 무슨 말인지 잊어버리고 잘 이해하지 못합니다. 지시할 때는 짧고 간결하게 해야 합니다.

"여러분, 이제 수학 시간이니까 빨리 수학책 펴고, 연필이랑 지우개 꺼내서 어제 배웠던 문제 찾아서 다시 풀고…" 이렇게 말이 길어지거나 한 번에 여러 개의 지시를 하면 안 됩니다. 지시는 짧게 한 후 충분히 기다려주세요. 저학년 아이들의 학습 분량이 많지 않은 이유가 바로 여기에 있다고 생각하세요.

교사: 수학 책 펴세요.(기다리기)

교사: 연필이랑 지우개 준비됐나요?(기다리기)

교사: 어제 배웠던 문제 찾아볼까요?(기다리기)

특히 추상적인 개념이나 지시는 이 시기 아이들이 이해하기 어렵습니다. 저는 받아쓰기 시간에 아이들에게 글씨를 '또박또박' 쓰라고 했다가 한 학생에게 "선생님, 근데 또박또박이 뭐예요?"라는 질문을 받기도 했습니다. '또박또박'이 뭔지 아무도 안 가르쳐줬다면서요.

이런 표현보다는 구체적인 행동을 가르치는 게 좋습니다. 예를 들면, "책임감 있게 행동해야지"보다는 "문을 열 땐 조심하렴. 지나가는 사람이 있을 수 있어", "마음이 예쁜 사람이 돼야지"보다는 "욕하는 사람은 나쁜 사람이야"라고 말해주는 것이 더 분명합니다.

감정을 말로 표현하도록 가르치기

저학년은 감정을 말로 표현하는 걸 아직 어려워합니다. 화가 나면 울면서 소리 지르는 아이들도 있습니다. 아직 자신의 감정이 무엇인지 자신도 정확하게 이해하지 못하기 때문입니다. 이럴 땐 감정 카드로 어떤 느낌인지 말해보게 하세요. 자신의 감정이 무엇인지 이해하고, 아이 스스로 인식해야 그 감정도 사그라듭니다. 아이가 울거나 소리 지른다고 하더라도 너무 당황하지 말고, 담담하고 차분하게 대응하세요.

교사: 준우야, 지금 화난 거니? 아니면 속상해? 짜증 났어?

준우: ….

교사: 준우야, 그럼 여기 그림 카드에서 네 마음이랑 제일 비슷한 거 골라볼래?(감정 카드 보여주기)

준우: (카드를 고른다.)

교사: 그래. 화가 많이 났구나. 선생님한테 왜 그런 느낌이 들었는지 이야기해볼까?

감정을 다스리는 좋은 방법 중 하나가 놀이입니다. 저학년은 교과서에도 다양한 놀이가 소개되어 있고, 실제로 많은 교사가 놀이를 수업에 응용하는 방법을 고민하고 적용하고 있습니다. 중요한 것은 놀이를 하기 위해 놀이를 많이 알아야 하는 건 아니라는 겁니다. 그보다는 재미있게, 하루에 한 번은 까르

르 웃는 교실을 목표로 삼으면 됩니다.

친구들과 문제 상황이 있을 때도 후속 지도로 '친구 마음을 이해하기 위한 인터뷰 놀이'를 해본다면, 그 역시도 놀이의 일종으로 너무 무겁지 않게 접근할 수 있습니다.

준비물: 모형 마이크

지아: 준우에게 묻겠습니다. 아까 수민이가 잡기 놀이를 하다가 발을 걸었을 때 어떤 기분이었나요?

준우: 너무 기분 나쁘고 속상했습니다. 넘어졌을 때 많이 아팠습니다.

지아: 준우의 말을 듣고 수민이는 어떤 생각이 드나요?

수민: 준우를 다치게 해서 너무 미안합니다.

지아: 준우는 이 말을 듣고 어떤 생각이 드나요?

저학년 학급 경영에서 기억할 점

저학년은 실수를 정말 많이 합니다. 우유를 쏟고, 물건을 잃어버리고, 규칙을 잊습니다. 당연합니다. 어른도 실수하는데,

아이들이 그러는 건 당연한 일이죠. "왜 조심 안 해!"라고 화내는 대신 "앗, 우유가 쏟아졌네. 괜찮아. 실수는 누구나 해. 선생님이랑 같이 닦자. 다음부터는 어떻게 하면 좋을까?"라고 말해야 합니다.

저학년은 실수를 통해 성장한다는 것을 늘 기억해주세요. 저학년 학급 경영은 인내가 필요합니다. 같은 말을 백 번도 더 해야 하고, 같은 것을 매일 가르쳐야 합니다. 하지만 계속 반복한다면 3월의 어수선했던 교실이 어느새 질서 있고 따뜻한 공간으로 변해 있을 겁니다. 저학년 아이들은 교사의 사랑과 일관성 있는 루틴 속에서 안전하게 성장합니다.

아무래도 학교는 유치원보다 딱딱하고 엄격하게 느껴지고, 규범적인 면이 강합니다. 특히 유치원에서 갓 올라온 1학년 아이들이 적응하기에 교실은 불편한 것투성이입니다. 늘 먹던 간식도 안 주고, 숙제도 해야 하고, 40분이라는 긴 시간 동안 한 자리에 앉아 있어야 하지요.

이런 까닭에 교사가 조금만 무뚝뚝한 소리로 야단쳐도 대번에 불평이 쏟아져 나올 수 있습니다. 저도 2학년을 담임했을 때 늘 해오던 그대로 했는데도 "아이들이 선생님이 너무 무섭고 엄하다고 해요"라는 소리를 학부모에게 들었습니다. 정말 깜짝 놀랐답니다. 다른 학년에선 아무렇지 않을 일이 저학년에선 문제가 된다는 걸 배웠다고 할까요. 저학년은 조금 더 너그럽고 부드럽게, 마음을 열고 길게 보고 걸어가주시면 좋겠습니다.

중학년

자율성과 책임감 길러주기

저에게 누가 중학년 교실에서 가장 눈에 띄는 게 무엇이냐고 묻는다면, "왜요?"라는 말이라고 답할 것 같습니다. 물론 저학년 교실에서도 듣는 질문이긴 하지만, 저학년은 교사가 안내하고 지시하면 그런가 보다 하고 따라온다면 중학년 교실에선 유난히 "왜요?"라는 말이 많이 나옵니다. 저학년 교실에서처럼 "선생님!" 하면서 따라 나와 안기는 아이들도 적어지고, 아이들끼리 모여서 수다를 떠는 경우가 많습니다. 교사가 중요하긴 하지만, 저학년 때와는 사뭇 다르지요.

이런 차이가 나는 것은 중학년은 자아가 싹트는 시기이기 때문입니다. 빠른 경우, 사춘기가 시작되기도 하지요. 학급 어린이 회의를 왜 3학년부터 할까요? 토의, 토론, 협력, 공동체 이런 것들을 이해하고 참여할 수 있기 때문입니다.

이 시기 학생들은 자율적으로 행동하려고 하고, 나름의 판단을 합니다. 이땐 규칙과 그에 따른 책임을 함께 강조해서 지도해야 교실이 평화와 안전을 찾아갑니다. 반대로 아이들에게 왜 그래야 하는지 이유를 설명하지 않거나, 규칙과 책임에 대해 충분히 안내하지 않으면, 학생들이 교사의 지시를 잘 안 따라오는 결과를 보기도 합니다.

함께 만드는 교실 규칙

중학년 아이들은 선생님이 하라고 해서 하지 않습니다. 나름대로 기준을 정하고 의미를 찾아 행동합니다. 규칙을 만드는 과정에도 아이들이 직접 참여하고 의미를 부여해야 규칙으로서 제대로 작동합니다.

이걸 심리학에서는 '공개적 약속의 힘'이라고 부릅니다. 《설득의 심리학》이라는 책에서 로버트 치알디니(Robert Cialdini)가 '일관성과 약속의 원리'라고 말하기도 했지요. 사람들은 자신의 결정이나 입장과 일관되게 행동하려는 특성이 있어서, 일단 선택하고 그것에 따른 입장을 취하면 그에 맞게 행동하려고 한다는 것이죠. 규칙도 남이 만들고 일방적으로 지키라고 하는 것보다, 내가 만들어야 더 잘 지키게 됩니다.

저는 아이들에게 "우리 반이 1년 동안 즐겁고 안전한 반이 되려면 어떤 약속이 필요할지 이야기해보자"라고 질문을 먼저 던집니다. 그다음 모둠별로 토론하게 하고, 각 모둠별로 가장 중요한 핵심 규칙을 3가지씩 정해보게 합니다. 다소 추상적일 수는 있으나, 아이들 나름대로 중요하게 생각하는 규칙들이 나옵니다. '서로 사이좋게 지내기' '수업 시간에 떠들지 않기' '기분 나쁜 장난치지 않기' '욕하지 않기' 등이 그런 예죠.

칠판에 모둠별 의견을 적되, 범주화해서 비슷한 것끼리 묶습니다. 교사도 함께 투표해서 우리 반의 핵심 약속을 5개에서 8개 정도로 정합니다. 저는 '함께 지키는 우리 반 8조법'이라고 이름을 붙이기도 했습니다. 가장 잘 보이는 교실 벽에 연중 게시하고 함께 지키도록 지도했는데, 그 내용은 모두가 고개를 끄덕일 만한 규칙들이었습니다.

누군가 어기면 "이건 누가 만들었지?" 묻고, "이건 우리가 다 같이 정한 거잖아. 기억나지?"라고 이야기해서 반 아이들 스스로 정했다는 것을 상기시켰습니다. 물론 모든 규칙을 아이들이 정할 수는 없습니다. 안전에 대한 것은 특히 그렇습니다. 모든 규칙은 안전한 생활을 전제로 해야 합니다. 무엇보다 학급의 규칙은 학교에서 정한 학생 생활 규정을 근거로 해야 합니다. 이것은 교사의 정당한 생활 지도를 보장받기 위해서라도 반드시 지켜야 합니다.

책임을 지는 데는 용기가 필요하다

✦

중학년 아이들은 "제가 할게요!"라는 말을 좋아합니다. 뭔가를 맡았다는 것, 선생님이 자신을 믿어준다는 것이 자존감을 높입니다. 저는 학급의 많은 일을 아이들에게 나눠주었습니다. 아이들 스스로 할 만한 일을 교사가 대신 해주는 일은 없었습니다. 아이들이 할 수 있는 일은 죽이 되든 밥이 되든 아이들 손에 믿고 맡겼습니다.

가끔 기본적인 교실 정리정돈부터 학급 환경 디자인까지 모든 걸 교사가 다 알아서 하는 경우를 봅니다. 교사의 열정으로 학급의 모든 활동을 꾸려가는 경우죠. 저는 학급에서 정말 다양한 활동을 기획하고 실천했지만, 시간이 부족하진 않았습니다. 아이들에게 방법을 가르쳐주고 직접 해보도록 가르쳤습니다. 교실 뒤쪽 게시판에 미술 작품 하나를 붙이고 떼는 것도 아이들이 했습니다. 이것도 여럿이 함께 해보면서 배우고 성장하도록 두레를 구성해서 운영했습니다. 어설프거나 아쉬운 부분도 분명 있었지만, 그 역시도 배움이라고 믿었습니다.

두레 운영하기

- **도서관 두레:** 학급 도서를 관리하고, 대출해주고, 반납했는지 체크하고, 독서 행사를 준비합니다.
- **체육 놀이 두레:** 학급 놀이를 기획하고, 준비물을 챙기고, 뒷정리까지 합니다. '한 주에 하나씩 놀이 배우기' 활동도 이 아이들 몫입니다.
- **그림 사랑 두레:** 교실 환경을 구성하고, 기획하고, 작품을 붙이거나 철거하는 일을 합니다. 전체적인 교실 디자인이나 사물함에 이름표 붙이기도 이 아이들 몫이죠.
- **신문사 두레:** 학급 신문을 발간합니다. 신문에 들어갈 기사를 쓰고, 편집하고, 완성된 신문을 게시판에 부착하고, 학생들을 인터뷰하거나 기사를 기획하는 것도 모두 이 아이들이 합니다.
- **방송국 두레:** 음악 방송을 합니다. 한 주에 한 번 할지, 두 번 할지 아이들이 정합니다. 디제이를 뽑고, 가사를 쓰고, 음악을 틀고 방송을 진행하는 것도 이 아이들의 몫입니다.

어떤가요? 아이들이 재미있어하고 즐거워할 활동을 하지만, 교사가 준비하고 도와주는 것이 아니라 아이들 스스로 기획하고, 고민하고, 구성하고, 해결해갑니다. 당연히 처음에는 완벽하지 않습니다. 하지만 그것이 배움입니다. 중요한 것은 교사가 즉시 개입해서 대신해주지 않는 것입니다. "민수야, 오늘 목요일인데, 목요일엔 뭐 하기로 했지?"라고 자신의 역할을 상기

시키고 행동으로 옮기기를 기다립니다.

아이들이 스스로 기획하면 대충 하지 않냐는 질문도 가끔 들었는데, 저는 어떤 두레든 활동을 하고 나면 전체 평가회를 가졌습니다. 어떤 노력이 눈에 띄는지 긍정적인 부분을 찾아보게 하고, 아쉽다고 생각하는 부분에 대해 비판 대신 그 부분을 보강할 수 있는 새로운 제안을 하도록 지도했습니다.

중학년부터는 이렇게 스스로를 돌아보는 연습을 시작할 수 있습니다. 활동이 끝날 때마다 자기 평가 시간을 가져보세요.

"오늘 모둠 활동을 돌아보자. 우리 모둠이 잘한 점은 뭐였을까? 아쉬웠던 점은? 다음에는 어떻게 하면 더 좋을까?"를 질문하세요.

처음에는 "잘 모르겠어요"라고 합니다. 익숙하지 않으니까요. 이땐 질문을 더 구체적으로 만듭니다. "민수야, 너는 오늘 모둠에서 어떤 역할을 했어? 그 역할을 잘 해냈다고 생각해? 왜 그렇게 생각해?" 이렇게 하나하나 물어가면 아이들은 조금씩 자신을 돌아보기 시작합니다. 이것도 익숙해지면 모둠별로 토의하게 해도 좋겠지요.

부모가 아니라 코치처럼

✦

저학년은 교사가 부모 같기도 할 때가 더러 있습니다. '이런 건 가정에서 이미 다 배우고 왔어야 하는 거 아닌가?' 싶을 때도 있고요. 마치 부모의 역할을 교사가 나눠서 한다는 느낌이 드는 것은 아직 아이들이 어려서 하나하나 안내하고 도와줘야 하기 때문입니다.

하지만 중학년을 대할 때는 교사의 역할도 변해야 합니다. 저학년 때는 부모처럼 크고 작은 일들을 모두 챙겨주는 역할이었다면, 중학년부터는 코치처럼 옆에서 조언하고 격려하는 역할로 달라져야 합니다.

"선생님이 해줄게" 대신 "네가 먼저 해볼래? 선생님이 어려운 부분은 도와줄게"라고 말하는 게 좋습니다. "이건 이렇게 해야지"보다 "네 생각은 어때? 어떻게 하면 좋을 것 같아?"라고 먼저 물어보세요. 답을 주는 것이 아니라 스스로 답을 찾도록 돕는 것이 중학년 담임 교사의 역할입니다.

물론 여전히 도움이 필요한 순간들이 있습니다. 아직 완전히 독립적이지 않으니까요. 그 균형을 잡는 것이 중학년 학급 경영의 묘미입니다. 너무 많이 도와주면 아이들은 교사에게 의존하게 되고, 너무 안 도와주면 방치하는 것이 됩니다. 아이들을 관찰하면서 '이 아이는 지금 혼자 할 수 있을까, 아니면 도움이 필요할까'를 끊임없이 판단해야 합니다.

중학년 3월의 교실과 12월의 교실은 정말 다릅니다. 3월에는 모든 것을 물어보던 아이들이 12월에는 스스로 판단하고 결정하려고 하지요. 만약 3월부터 꾸준하게 학생들 스스로 학급을 꾸려가는 역할을 지도해왔다면, 이제는 "선생님, 이거 어떻게 해요?" 대신 "선생님, 저희가 이렇게 해도 될까요?"라고 물을 겁니다. 수동적 질문이 능동적 제안으로 바뀐 것이지요.

중학년 아이들은 작은 어른으로 성장하는 중입니다. 그들에게 필요한 것은 지시가 아니라 기회입니다. 선택할 기회, 책임질 기회, 실패하고 다시 시도할 기회. 이런 기회들 속에서 아이들은 진짜 자율성과 책임감을 배웁니다. 그리고 이것이 중학년 학급 경영의 궁극적인 목표입니다.

고학년

존중과 대화로 독립 준비시키기

6학년 교실을 열면 어떻던가요? 한눈에 보기에도 다 큰 녀석들이 일제히 낯선 방문자를 쳐다보면, 여기가 초등학교 맞나 하는 심리적 이질감이 들지 않나요? 저는 그렇습니다. 더 이상 교사 주변으로 몰려들어서 미주알고주알 떠들지도 않고, 각자 자기 자리에서 친구들과 삼삼오오 모여 이야기 나누지요. 가끔 교사에게 찾아올 때도 신중하게, 고민 또 고민하다가 찾아오는 식입니다.

어떤 아이는 교사보다 키가 훌쩍 크기도 하고, 어떤 아이는 사춘기를 지나느라 기분이 매일 롤러코스터를 타기도 합니다. 고학년 교실에선 간혹 "왜요?" "싫은데요" 하고 대놓고 말하는 학생도 있습니다. 하지만 경험상 오히려 교실 분위기를 보면서 반응한다는 게 느껴질 때도 많았습니다. '내가 이 상황에서 싫다고 하면 아이들에게 주목받지 않을까, 굳이 그럴 필요가 있나, 그냥 지켜보지 뭐.' 이런 식으로 말입니다. 이렇게 자기들 나름으로는 이미 다 컸다고 생각하지만, 어른인 교사의 눈에는 아직 어린 애매한 시기, 그게 바로 고학년입니다.

고학년 아이들은 초등학교와 중학교 사이에 있기 때문에 아동기와 청소년기의 경계에 서 있습니다. 어린아이는 아니지만, 어른도 아니지요. 실제로 이 시기 아이들은 어른이 할 만한 나쁜 행동도 다 합니다. 이때 어떻게 대하느냐에 따라 아이들은 교사를 신뢰하는 어른, 좋은 멘토로 믿고 따르기도 하고, 반대로 사사건건 간섭하는 권위자로 여기기도 합니다.

고학년 학급 경영의 핵심은 명확합니다. 존중과 자율을 핵심 키워드로 삼아야 합니다. 강압과 통제가 아니라 안내로, 명령이 아니라 대화로, 의존보다 독립을 지향해야 합니다.

권위를 지키며 존중의 태도 보이기

✦

교사는 어른이기 때문에 고작 열두 살, 열세 살인 아이들을 보면 아직 어린애로만 보입니다. 문제는 정작 아이들은 그렇게 생각하지 않는다는 데 있습니다. '너희들은 잘 모르지?' 같은 뉘앙스로 말하면 아이들은 대번에 불편해합니다. 이보다는 "너희는 어떻게 생각하니? 너희들 의견 들어보고, 선생님 의견도 말할게"처럼 이야기해야 합니다. 아이들의 의견을 진정으로 공감하고 존중하는 태도를 보여야 아이들도 교사를 신뢰합니다.

실제로도 학생들에게 의견을 말하게 하고 학급 운영에 그 의견이 반영되는 기회를 자꾸 만들어야 교실 분위기가 민주적으로 잡혀갑니다. 예를 들어 현장 학습 짝을 정할 때도, 자리를 배치할 때도, 학급 규칙을 정하거나 바꿀 때도, 교실 환경을 구성하거나 변경할 때도, 두레를 구성하고 운영할 때도 아이들의 의견을 받아서 학급 운영에 반영하는 식입니다.

단, 이때 "너희가 알아서 정해. 선생님은 너희가 정하는 대로 따를게"처럼 하면 안 됩니다. 자칫 교사를 배제하는 분위기가 은연중에 만들어질 수도 있기 때문입니다. 이렇게 되면 민주적인 교실이 아니라 거꾸로 교사가 학생들에게 끌려가는 교실이 되어버립니다. 자율적으로 움직이는 교실이 아니라 학생들이 교사에게 방임을 요구하는 교실이 되는 셈이지요. 언제나 학생들을 존중하는 태도를 보이되, 교사로서의 민주적인 권위까지 내려놓아서는 안 되겠지요.

교사: 다음 주에 현장 학습 가잖아. 어떤 식으로 짝을 정하는

게 좋을까? 너희가 의견을 말하면 선생님은 그대로 따를게.

교사: 다음 주 현장 학습 갈 때 같이 앉아 갈 짝을 정할 거야. 선생님은 너희들 의견을 듣고 반영할 부분이 있으면 반영하려고 해.(민주적인 해결 방법임을 설명하기) 누군가 소외되거나 차별받는 일이 없도록 주의해서 방법을 내주길 바라.(기준 정하기) 만약 너희 의견이 누군가에게 서운한 부분이 있다거나 하면 선생님이 조정할 거야.(부드럽게 선 긋기) 선생님이 방금 설명한 부분에 궁금한 거 있으면 물어봐도 좋아.

자율성을 주고 책임감 요구하기

고학년은 알아서 할 수 있는 기회와 경험을 좋아합니다. 그만큼 존중받는다고 느끼기도 하고요. 이 욕구가 억압되면 반발이 생기고, 교사와 힘겨루기를 하는 경우도 생깁니다. 하지만 이 욕구를 적절하게 충족시키면 놀라운 책임감을 보이기도 합니다.

제가 고학년을 담임했을 때 가장 좋았던 것은 프로젝트 학습 같은 대형 학급 활동을 기획하고 꾸려가는 동안에도 학생들이 상당 부분을 책임지고 잘한다는 것이었습니다. 저는 "모둠별로 주제와 활동을 구체적으로 협의한 다음, 계획서를 다음 주 수요일까지 제출하도록 해. 선생님은 계획서를 읽고 필요한 부분을 피드백해줄 거야. 선생님에게 피드백받은 부분을 보완해서 다음 주 금요일까진 최종 계획서를 제출하도록 하자"라는 식으로 지도했습니다.

계획서 수준이야 천차만별이지만, 어떤 모둠은 구체적이고 정교해서 피드백이 필요 없기도 했습니다. 잘 못하는 모둠만 따로 불러서 지도하고, 계획하고, 수정하는 것을 가르치면 아이들은 다소의 시행착오를 거치면서도 성장하는 걸 보여주곤 했습니다.

저는 이 과정에서 "선생님이 볼 때 이 부분은 현실적으로 너무 어려운 활동 같아. 이건 다른 활동으로 대체할 수 있을 것 같은데, 대체 활동을 고민해서 다시 이야기해보자"처럼 말하곤 했습니다. 이 과정에서 아이들이 머리를 맞대고 고민하는 모습을 볼 때면, 고학년 학급에서 교사가 얻을 수 있는 자유로움과 만족감도 충만하다는 걸 느꼈지요.

이런 과정이 잘 지도되면 교사의 잔소리가 눈에 띄게 줄어들고, 학생들은 학생들대로 자유롭게 활동하되, 행동에 책임지려는 태도를 보여줍니다. 이 부분이 가장 중요합니다. 자율과 책임이 늘 함께 따른다는 부분 말입니다. 그래서 고학년을 담임할 때는 '자신의 행동에 책임지는 사람이 되자'라는 급훈을 정하고, 일부러 학생들이 잘 보는 데 게시해두기도 했습니다.

명령이 아닌 설득으로 접근하기

저학년이나 중학년에서는 "선생님이 이렇게 하라고 했잖아" 같은 지도가 어느 정도는 통합니다. 하지만 고학년에서는 잘 안 통합니다. 아이들 눈을 보면 "왜요?"라고 되묻고 싶은 걸 억지로 참는 표정이 역력하죠. 이럴 때 "하라면 해야지, 무슨 말이 그렇게 많아!"처럼 말하게 되면 아이들과 그동안 애써 쌓아온 신뢰 관계가 무너지고 맙니다. 조심스럽게 그리고 영리하게 접근해야 합니다.

고학년에서는 학생의 신변 및 안전에 대한 것 말고는 설득으로 접근한다고 생각하는 게 좋습니다.

교사: 선생님이 숙제하라고 했잖아. 너 무슨 말인지 몰라? 왜 안 해와?

교사: 주연아, 선생님이 왜 이걸 하라고 했을까?

주연: 숙제니까요. (시큰둥하게 대답한다.)

교사: 물론 숙제니까 해야지. 그런데 선생님이 이걸 왜 굳이 숙

제로 냈을까? 넌 어떻게 생각하는지 말해볼래?(아이의 의견 먼저 듣기)

주연: 공부가 더 필요해서요?

교사: 맞아. 어떤 건 학교에서만 배우는 걸로 충분해. 하지만 어떤 건 학교에서 배운 걸로 충분하지 않을 때가 있어. 연습이 필요하기도 하고, 반복해서 외워야 하는 경우도 있어.(왜 이 행동이 필요한지 이유 설명하기) 학교에서 선생님이랑 공부하고 난 다음에, 너 혼자 해내는 부분도 있어야 한단 뜻이야. 선생님은 그게 숙제라고 생각해.(설득하기) 앞으론 어떻게 해야 할까? 선생님이 널 도와줄 부분이 있거나 알아야 할 부분이 있으면 말해줘.(교사가 함께하고 있음을 분명하게 보여주기)

모든 규칙에는 이유가 있어야 합니다. 왜 그래야 하는지 생각해보게 하고, 이유를 찾았다면 그에 맞게 행동하도록 지도해줘야겠지요. 이 역시 꾸준히 반복해서 지도해야 달라집니다.

감정은 수용하되, 행동은 제한하기

✦

고학년은 상대적으로 호르몬의 영향 때문인지, 유난히 감정 기복이 큽니다. 어제까지 웃으며 이야기하던 친구와 오늘은 싸우고, 아무 이유 없이 울기도 하고, 갑자기 짜증을 내기도 합니다. 이럴 때 교사는 학생의 감정과 행동을 분리해서 생각해야 합니다.

수업 중에 짜증을 내는 아이가 있다면, "잠깐만, 멈춰봐. 지금 화난 거 같은데, 무슨 일 있었어?"처럼 먼저 감정을 인정합니다. 아이가 "별거 아니에요" "아침에 엄마랑 싸웠어요" "얘가 짜증나게 해요" 등 이유를 말하면, "아, 그래. 그래서 지금 화가 났구나. 알겠어" 같이 짧게 그 감정을 존중해주는 표현을 합니다. 여기까지가 앞서 4장에서 말한 감정적 수용입니다. 다음은 행동에 제한을 두어야겠지요.

"그런데 수업 중에 큰 소리로 짜증을 내면 다른 친구들이 놀랄 수 있어. 쉬는 시간에 선생님이랑 따로 이야기할까?"

이렇게 선을 그어줘야 합니다. 교사가 문제 상황마다 낮고 단호한 태도로 분명하게 말해줘야 학생들이 돌발 행동을 아무렇게나 하는 일이 줄어듭니다.

감정은 OK, 행동은 NO. 이 원칙을 명확하고 일관되게 지켜나가세요.

교사: 그래, 사람이니까 얼마든지 화가 날 수 있어. 슬플 수 있어. 짜증날 수 있어.(감정적 수용) 하지만 그 감정을 다른 사람에

게 피해 주는 방식으로 표현하면 안 돼. 다른 방법을 찾아야 지.(행동에 선 긋기)

이렇게 반복해서 가르칩니다.

또래 관계의 복잡함 이해하기

고학년에게 친구는 생존의 문제로까지 여겨집니다. 저는 친구랑 싸운 다음 죽고 싶다고 일기를 적어 온 아이를 여럿 보았습니다. 교사가 아무리 좋은 말을 해도, 친구들이 자신을 어떻게 생각하는지가 더 중요합니다. 고학년을 담임하는 교사는 이런 학생들의 또래 문화를 이해하고 존중해야 합니다.

사실 따돌림 문제는 모든 학년에서 나타나지만, 폭력의 정도가 가장 심한 것은 고학년입니다. 고학년의 왕따는 조직적이고, 지속적이며, 벗어나기가 생각보다 훨씬 어렵기 때문입니다. 그래서 늘 예방에 초점을 두고 지도하는 게 필요합니다.

학기 초부터 이 부분을 명확히 하세요. "우리 반은 모두가 존중받는 곳이야. 누군가를 따돌리거나 배제하는 건 절대 용납되지 않아. 만약 친구가 혼자 있는 걸 보면, '같이 놀래?'라고 한 마디만 해줘도 그 친구에게는 큰 힘이 돼"처럼요.

요즘은 SNS 문제도 심각합니다. 단톡방에서 누군가를 빼거나, 뒷담화를 하거나, 소문을 퍼뜨리는 일이 빈번합니다. 교사가 모든 것을 감시할 수는 없지만, 원칙은 알려줄 수 있습니다.

교사: 온라인에서든 오프라인에서든, 친구를 존중해야 하는 건 똑같아. 화면 너머에도 사람이 있다는 걸 잊지 마. 어떤 식으로든 친구를 배제하려고 한 행동은 폭력이 되는 거야.(안 되는 행동 구체적으로 알려주고 선 긋기)

미래를 함께 그리기

고학년은 미래를 생각하기 시작합니다. "나는 나중에 뭐가 될까?" "중학생이 되면 어떨까?" 같은 질문들이 생깁니다. 교사는 이 고민을 함께 나눠야 합니다. "너희는 나중에 뭐가 되고 싶어? 그 꿈을 이루려면 지금 무엇을 준비하면 좋을까?" 같은 진로 이야기도 좋습니다. 저는 교실에서 '비전 활동하기'라고 프로젝트를 정한 뒤, 한 달에 하나씩 실천했습니다. 자기 계발서에 나오는 비전 명함 만들기, 미래의 꿈 그리기, 꿈 벽화 만들기, 사명 선언문 쓰기 같은 활동을 아이들과 같이 했습니니다. 확실히 아이들이 꿈에 대해 생각할 기회가 많아지더군요.

여기서 주의할 점은 직업만을 강조하지 않는 것입니다. 의사, 선생님, 유튜버 같은 직업 자체보다는 '어떤 삶을 살고 싶은지'를 묻습니다. "어떤 어른이 되고 싶어? 어떤 가치를 중요하게 생각해?"처럼 삶의 가치를 강조해서 지도하는 게 좋습니다.

공부의 의미도 다시 정립하게 돕습니다. "공부가 전부는 아니야. 하지만 네가 하고 싶은 일을 하려면, 선택권을 가지려면, 지금부터 준비가 필요해. 공부는 네 미래를 위한 투자야." 이렇게 설교가 아닌 솔직한 대화로 접근하는 것이지요.

완벽하지 않아도 괜찮다고 말해주기

고학년은 완벽주의 경향이 있습니다. 그림 잘 그리는 아이, 못 그리는 아이로 나뉘는 것과 비슷합니다. 특히 성적이 좋은 아이들이 오히려 실패를 두려워합니다. 점수가 나쁘면 세상이 무너지는 것처럼 느낍니다. 외모에 대한 집착도 생깁니다. 자신이 뚱뚱하다고, 못생겼다고, 키가 작다고 고민합니다.

교사는 실패와 불완전함이 괜찮다고 반복해서 말해줘야 합니다. "실수는 나쁜 게 아니야. 실패에서 배우면 그게 성장이야. 선생님도 실수 많이 해. 그럴 때마다 '아, 다음엔 이렇게 하면 되겠구나' 하고 배우는 거지"처럼 교사도 자신의 실패담을 솔직하게 나눕니다. “선생님도 학생 때 수학을 정말 못했어. 한 번은 시험에서 50점을 받았는데…”와 같은 이야기를 들으면 아이들은 안도합니다. ‘선생님도 완벽하지 않았구나. 나도 괜찮구나’라고요.

경계를 지키며 가까이에 있어주기

✦

고학년을 대할 때 가장 어려운 점은 거리 조절입니다. 너무 가까우면 친구처럼 되어 권위가 무너지고, 너무 멀면 소통이 단절됩니다. 적절한 거리를 유지하면서도 신뢰 관계를 만들어야 합니다. 저는 학생들과 친근하고 친밀한 관계를 유지하되, 선을 넘는 것을 허용하지 않았습니다. 무례하게 굴거나 함부로 말하는 것에 대해서 대충 넘어가지 않았습니다. 특히 저 역시 아이들의 사생활을 캐묻지 않고, 늘 들어주는 태도를 보이면 오히려 아이들이 마음을 열고 먼저 이야기를 건네곤 했습니다.

필요할 때는 단호하게 대합니다. 규칙을 어겼을 때, 다른 사람에게 피해를 주었을 때는 명확히 지적합니다. 하지만 다른 아이들 앞에서는 하지 않는 게 좋습니다. 따로 불러서 일대일로 깊이 있게 이야기합니다. 고학년에게 전체 앞에서 창피를 주는 것은 최악의 방법입니다. 그 순간 아이는 교사를 영원히 적으로 여기게 됩니다.

고학년 교사는 부모도 아니고 친구도 아닙니다. 멘토입니다. 인생 선배로서 때로는 조언하고, 때로는 듣고, 때로는 함께 고민합니다. 답을 주는 사람이 아니라 함께 답을 찾아가는 사람입니다. "선생님도 네 나이 때 비슷한 고민을 했어. 그때 선생님은 이렇게 했는데, 넌 어떻게 하고 싶어?" 하고 자신의 경험을 나누되, 그것을 강요하지 않습니다. 선택은 아이가 하게 합니다. 가끔은 아무 조건 없이 그냥 들어만 줘도 됩니다. 조언도, 해결책도 없이 그냥 경청합니다. 때로 고학년 아이들에게 필요한 것은 해답이 아니라 귀 기울여주는 어른입니다.

"그랬구나. 많이 힘들었겠다."

그 한마디면 충분할 때가 있습니다.

졸업 준비시키기

6학년 담임이라면 특별한 책임이 있습니다. 중학교를 준비시키는 것입니다. 중학교는 초등학교와 완전히 다른 세계입니다. 교과별 선생님, 내신 성적, 시험 범위, 자유 학기제… 아이들은 기대 반 두려움 반입니다. 저는 현실적으로 알려주는 게 좋다고 생각합니다.

"중학교는 초등학교보다 자유로운 부분도 있고, 책임이 무거운 부분도 있어. 선생님이 일일이 챙겨주지 않아. 네가 알아서 해야 해. 그래서 지금부터 연습하는 거야."

6학년 2학기에는 점점 더 자율을 확대합니다. 동시에 격려합니다. "너희는 잘할 거야. 선생님이 믿어. 힘들 때도 있겠지만, 너희는 이미 많이 성장했어. 초등학교 6년 동안 배운 게 다 자산이 될 거야"처럼요.

고학년 학급 경영은 시간을 두고 천천히 놓아주는 기술이 필요합니다. 계속 붙잡고 있으면 아이들은 답답해합니다. 그렇다고 완전히 손을 놓으면 불안해합니다. 줄을 느슨하게 잡고 있다가, 필요할 때만 살짝 당기는 미묘한 균형 감각. 이것이 부드러우면서 단호한 고학년 담임 교사으로서의 역할입니다. 이 과정에서 아이들은 진정한 독립을 배우고, 교사는 아이들이 날아가는 모습을 지켜보는 기쁨을 얻습니다.

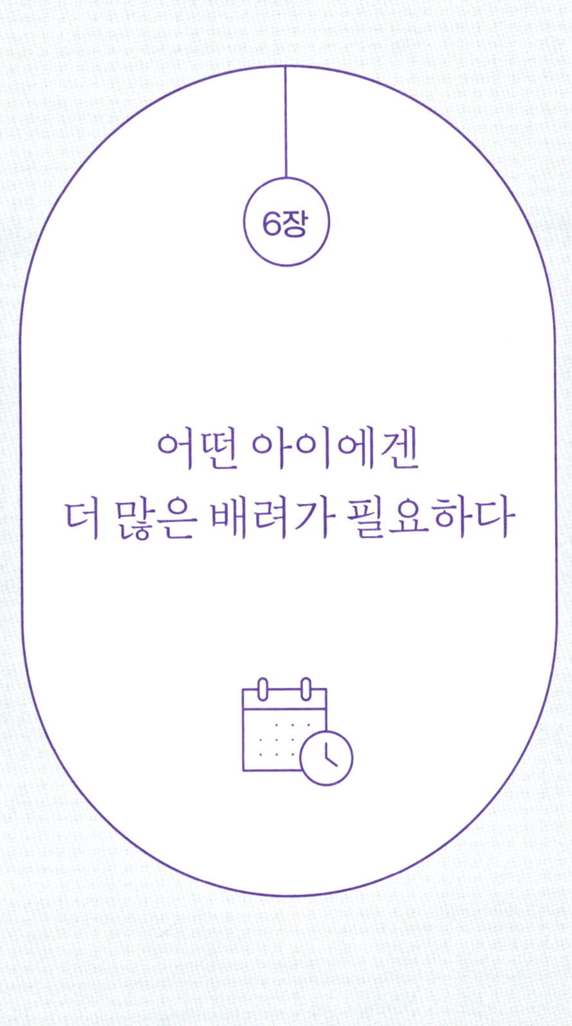

6장

어떤 아이에겐 더 많은 배려가 필요하다

산만한 아이, 환경부터 바꿔라

"민수야, 자리에 앉아."

"민수야, 지우개 좀 그만 만지작거려."

"민수야, 지금 수업 중이잖아. 물통 건드리지 말고, 내려놔."

선생님들도 머릿속에 그려지시지요? 교실엔 이렇게 하루에도 몇십 번 이름을 부르게 되는 아이가 있습니다. 수업이 시작된 지 5분도 안 되어 자리를 벗어나고, 연필을 주우러 간다는 핑계로 교실을 한 바퀴 돌고, 친구 옆을 지나가다 말을 걸고, 겨우 앉았다 싶으면 의자를 앞뒤로 흔들고, 손으로는 지우개를 만지작거립니다. "민수야, 집중해야지"라고 말해도 그 순간만 잠깐 멈출 뿐, 몇 분 지나면 똑같은 패턴으로 돌아갑니다.

2학년을 담임할 때 우리 반에도 이런 아이가 있었습니다. 당연히 지치고 화가 자주 났습니다. 이 아이 하나 때문에 수업 진행이 계속 끊기고, 다른 아이들도 방해받았으니까요. 참다 못해서 "민수야, 좀 가만히 있으라고. 왜 자꾸 움직여?" 하고 소리쳤던 날이 있었습니다. 그런데 아이가 이렇게 말하더라고요.

"저도 가만히 있고 싶은데 안 돼요."

이 말이 너무 희한하고 이상하게 들려서 한참을 머뭇거렸던 기억이 납니다. '이 아이는 일부러 방해하려는 게 아니구나. 정말 힘든 거구나'라는 생각이 들었거든요. 끊임없이 움직이고 집중하지 못하는 아이들을 대할 때는 Why가 아닌 How 화법으로 접근해보세요.

"너는 왜 가만히 있지를 못하니?"

"왜 맨날 그러니?"

"왜 집중을 안 하니?"

교사가 자신도 모르게 끊임없이 산만한 아이에게 자주 하는 말입니다. 하지만 Why 화법으로 물으면 아이는 대답할 수가 없습니다. 선생님이 정말 이유가 알고 싶어서 묻는 것이 아니라, 타박하기 위해 하는 말이라는 것을 아이도 알기 때문입니다. 이런 말을 자주 듣는 아이는 선생님과 자꾸만 멀어집니다. 이렇게 바꿔보세요.

'어떻게 하면 이 아이가 조금 더 집중할 수 있을까?'

'어떻게 하면 이 아이를 도와줄 수 있을까?'

'무엇이 이 아이의 집중을 방해하는 걸까?'

'어떻게 하면 이 아이를 도와줄 수 있을까?' 하고 생각하는 것만으로도 교사의 태도와 말투가 달라집니다. 아이에게 화내는 교사와 아이를 도와주려고 하는 교사는 당연히 다릅니다. 선생님이 자신을 도와주고 싶어 한다는 것을 가장 먼저 눈치채는 것은 아이들입니다.

산만한 아이들은 고의로 방해하는 것이 아닙니다. 뇌의 실행 기능, 특히 주의 집중과 충동 조절을 담당하는 부분이 또래보다 천천히 발달하는 것입니다. 근시인 아이에게 "왜 눈을 가늘게 뜨고 보니?"라고 야단치지 않듯이, 이 아이들에게도 "왜 가만히 있지 못하니?"라고 화내서는 안 됩니다. 아이 자신도 조절이 잘 안 되거든요.

아이의 세계를 이해하면 보이는 것들

산만한 아이들에게 교실은 혼란스러운 공간입니다. 선생님 목소리, 친구가 연필 떨어뜨리는 소리, 창밖의 새, 교실 게시판의 그림…. 모든 것이 똑같은 강도로 주의를 끕니다. 주의력과 집중력은 함께 다니는 짝꿍 같은 것이어서, 중요한 것에 주의를 기울이려고 노력하면서 동시에 그 노력을 끝까지 잘 유지하는 것이 필요합니다. 그런데 이 아이들은 이 중요한 것과 중요하지 않은 것을 구분하는 필터가 상대적으로 약합니다.

시간 감각도 다른 아이들보다 약합니다. "5분만 기다려"라고 하면, 5분이 얼마나 긴지 감이 오지 않아서 금세 딴짓하기 일쑤입니다. 이런 아이에게 "내일까지 제출해"는 너무 먼 미래입니다. 즉, 지금과 여기, 바로 이 2가지만 확실하게 존재하는 것입니다.

산만한 아이들은 충동 조절을 가장 어려워합니다. 무슨 생각이든 머릿속에 떠오르면 즉시 말해야 합니다. 수업 중이라도 하고 싶은 일이 생기면 즉시 행동해야 하지요. "잠깐만 기다려"라는 말이 이 아이들에게는 정말 어려운 일입니다. 저는 이걸 재채기라고 이해합니다. 우리가 재채기를 참기 어려운 것처럼, 이 아이들은 충동을 참는 것이 그만큼 힘듭니다.

산만한 아이들을 위해 가장 먼저 할 일은 환경을 조정하는 것입니다. 아이를 바꾸려고 하기 전에 환경부터 바꿔야 합니다.

5가지 교실 환경 조정 포인트

✦

좌석 배치가 중요합니다. 가능하면 교사 가까이, 칠판 앞쪽에 앉힙니다. 창가는 피하는 게 좋습니다. 창밖의 자극이 너무 많기 때문입니다. 자동차 소리나 사람들이 지나다니는 소리에도 정신이 팔린다는 것을 염두에 두어야 합니다. 또한 친한 친구 옆자리도 피해야 합니다. 이런 아이들은 조용하고 차분하며, 온화한 아이 옆에 앉히는 것이 좋습니다.

단, 여기서 주의할 점은 그 차분한 아이에게 "민수 좀 챙겨줘"라고 부탁하지 않는 것입니다. 이것은 뒤집어 생각하면 그 아이가 제대로 공부할 환경을 방해하는 것이기 때문입니다. 이 아이에게 최대한 자극이 덜 가게 하고, 산만한 아이를 돕는 것은 일차적으로 교사의 몫이라는 걸 놓치면 안 됩니다.

좌석을 정했다면, 이제 책상 주변 환경도 점검해야 합니다. 책상 위를 깔끔하게 유지하도록 합니다.

"지금 수업에 필요한 것만 꺼내. 연필, 교과서, 공책. 나머지는 서랍에 넣어."

이런 식으로 늘 깔끔하게 정돈해야 합니다. 산만한 아이들은 책상 위에 물건이 많으면 그것이 다 놀잇감이 됩니다. 수업마다 반복해서 상기시켜야 합니다. 처음에는 번거롭지만, 한 달쯤 지나면 습관이 됩니다.

물리적 환경과 함께 수업의 흐름도 아이가 예측할 수 있게 만들어주는 것이 좋습니다. 이를 위해 시각적 단서를 활용할 수 있습니다. 수업 순서를 칠판에 적어놓고, 지금 어디까지 진행되었는지 표시합니다. "지금 두 번째 활동 끝났어. 다음은 몇 번일까? 그래, 세 번째 활동 시작할 거야"처럼 아이 스스로 예측할 수 있게 합니다. 주의력이 약한 아이라고 해도 예측 가능성이 생기면 불안이 줄고, 집중하기 조금 더 쉬워집니다.

시간 감각을 키워주는 타이머를 활용해도 효과적입니다.

"10분 동안 이 문제를 풀 거야. 타이머가 울리면 끝. 그때까지만 하는 거야."

이렇게 시간이라는 추상적인 개념을 구체화하는 것입니다. 타이머를 보면서 아이는 시간 감각을 조금 더 실감할 수 있습니다. 요즘은 모래시계 타이머나 디지털 타이머도 많이 나와 있어 활용하기 좋습니다.

수업 구조도 이 아이들에게 맞춰 조정할 필요가 있습니다. 수업을 짧게 쪼개고 움직임을 활용하는 것이지요. 이 아이들은 40분 수업 내내 집중하는 것이 불가능합니다. 그렇다면 쪼개야 합니다. 10분 설명 → 5분 활동 → 10분 문제 풀기 → 5분 발표 → 10분 정리, 이렇게 활동을 자주 바꿉니다. 하나를 오래 하지 않습니다.

산만한 아이의 특성을 역으로 활용하는 방법도 있습니다. 40분 내내 가만히 앉아 있게만 할 게 아니라, 적절히 움직일 기회를 줍니다. 저는 일부러 이런 아이들에게는 움직이고 돌아다닐 기회를 따로 만들어주기도 했습니다. "민수 다 했니? 다 했으면 이 책들 좀 나눠줄래?"처럼요. "다 읽은 사람은 일어나서 교실 뒤 책장에서 다음 책 가져와" "모둠별로 앞에 나와서 발표해" "짝과 함께 작은 소리로 문제 푼 것 나눠봐도 좋아"처럼 수업 중간중간 움직일 기회를 주면, 역설적으로 전체적인 집중도가 올라갑니다. 특히 산만한 아이들에게는 더욱 그렇습니다.

아이들의 넘치는 에너지를 문제로만 볼 것이 아니라, 학급 운영에 긍정적으로 활용해보세요. 앞에서 했던 것처럼 학급에서 에너지를 발산할 특별한 역할을 부여하는 것이지요. 이 아이들은 대부분의 상황에서 지치지도 않고, 다른 아이들보다 늘 에너지가 넘칩니다. 그 에너지를 긍정적으로 쓸 수 있는 역할을 주는 것입니다. 교사가 검사한 숙제 나눠주기, 칠판 지우기, 교실 정리정돈하기 같은 것들 정도도 충분합니다. 단, 이것을 벌처럼 느끼게 하면 안 되겠죠. "네가 잘할 것 같아서 부탁하는 건데, 해도 좋고, 안 해도 좋아. 네가 선택해도 돼"라고 말하는 쪽이 더 부드럽겠지요.

산만한 아이들을 대할 때 우리는 자꾸 아이를 고치려고 합니다. 하지만 먼저 바꿔야 할 것은 아이가 아니라 환경입니다. 좌석 배치, 책상 위 정리, 시각적 단서, 타이머 활용, 수업 구조 조정. 이 모든 것은 아이를 바꾸려는 시도가 아니라, 아이가 교실에서 잘 지낼 수 있도록 환경을 맞춰주는 일입니다. 다음으로는 이 아이들과 어떻게 소통하고 협력해야 하는지 이야기하겠습니다.

산만한 아이와 효과적으로 소통하는 법

환경을 조성했다면, 이제는 소통 방식을 바꿀 차례입니다. 아무리 좋은 환경을 만들어도 교사의 말 한마디, 지시 방식 하나가 아이의 반응을 완전히 달라지게 만들기 때문입니다. 환경 조성이 아이가 집중할 수 있는 조건을 만들어주는 것이라면, 소통은 그 조건 속에서 아이를 실제로 움직이게 만듭니다.

산만한 아이들과 소통할 때는 일반적인 방법이 통하지 않는 경우가 많습니다. "한 번만 더 말할게"라고 했는데 열 번을 반복하게 되고, "집중해야지"라고 말했는데 5분도 안 돼서 다시 산만해집니다. 이건 아이가 단순히 말을 안 듣는 것만은 아닙니다. 산만한 아이들과 효과적으로 소통하는 방법을 좀 더 고민해보고, 다양하게 적용해봐야 합니다. 그래야 어떤 방식이 어떤 아이에게 가장 효과적인지 찾아낼 수 있습니다.

효과적인 지시와 소통의 원칙

지시는 한 번에 하나씩, 명확하게 합니다.

"책가방 정리하고, 숙제 내고, 자리에 앉아서 독서해."

이런 복합 지시는 이 아이들에게 혼란스럽습니다. 절반은 놓칩니다. 지시는 하나씩 하는 것이 훨씬 효과적입니다.

- **1단계:** "책가방 정리해" 하고 기다립니다.
- **2단계:** 다 하면 "좋아, 이제 숙제 내" 하고 또 기다립니다.
- **3단계:** "잘했어. 자리에 가서 앉아" 하고 말해줍니다.

이렇게 단계별로 진행합니다. 처음에는 시간이 더 걸리는 것 같지만, 실제로는 이게 더 효율적입니다. 다시 시키지 않아도 되니까요. 산만한 아이들이 수업을 방해하는 요인 중 하나가 큰 소리로 "저 다 했어요. 이제 뭐 해요?"와 같은 말을 한다는 것입니다. 아이 스스로 무슨 활동을 해야 하는지 이해하고 움직이게 해줘야 합니다.

지시를 전달할 때는 방법도 중요합니다. 멀리서 외치는 것보다 가까이 다가가서 눈을 맞추고 말하는 것이 훨씬 효과적입니다. 멀리서 "민수야, 들어!"라고 외치는 것은 효과가 없습니다. 가까이 가서 아이의 어깨를 매우 가볍게 터치하고, 눈을 맞추면서 말합니다. "민수야, 지금 3번 문제 풀 거야. 알고 있지?"라고 말한 뒤 아이가 고개를 끄덕이는 것을 확인합니다.

말의 내용뿐 아니라 표현 방식도 신경 써야 합니다. 부정문보다 긍정문으로 말하는 것이 더 효과적이에요.

- "떠들지 마." → "조용히 해줄래?"
- "돌아다니지 마." → "자리에 앉아 있어."

하지 말라고 하는 것보다 해야 할 일이 무엇인지를 분명하게 말하는 것이 더 효과적입니다. 이 아이들은 부정어를 처리하는 속도가 느립니다. "뛰지 마"라고 들으면 '뛰다'가 먼저 처리되고 '말다'는 나중에 처리된다는 점도 기억해주세요.

지시만큼 중요한 것이 피드백입니다. 특히 이 아이들에게는 즉각적인 반응이 중요합니다. 나중에 정리하며 "오늘 수업 태도가 좋았어"라고 말하는 것은 효과가 없습니다. 긍정적인 행동을 포착하면 즉시 칭찬하는 것이 좋습니다.

"민수야, 지금 5분 동안 집중했네! 잘했어."

문제 행동만 지적하다 보면 아이는 자신이 항상 혼나는 아이라고 생각합니다. 대신 잘하는 순간을 놓치지 않고 칭찬하면, 그 행동이 늘어납니다. 앞서 2장에서 언급한 과정에 집중하는 칭찬, 객관적 사실에 대한 칭찬, 구체적인 칭찬이 효과적인 이유입니다.

작은 목표를 설정하고 달성하면 즉시 보상해주세요. 그러기 위해서는 목표도 아이의 현재 수준에 맞춰 아주 작게 삼아야 합니다. 예를 들어 10분 동안 자리에 앉아 있는 것이 처음에는 어려울 수 있습니다. 그럼 5분부터 시작하는 겁니다. 성공 경험을 쌓게 하는 것이 중요합니다. 목표가 너무 높으면 좌절하고, 너무 낮으면 동기 부여가 안 됩니다.

감정 폭발에 대비하기

산만한 아이들은 집중력뿐 아니라 감정 조절도 어려워합니다. 작은 좌절에도 크게 화를 내거나, 울거나, 물건을 집어던질 수 있습니다. 이럴 때를 대비한 전략이 필요합니다. 먼저 교실에 쿨다운 공간을 마련해두는 것이 좋습니다. 교실 한쪽에 조용한 코너를 만들고, "기분이 안 좋을 때 여기 가서 진정해도 돼"라고 알려줍니다. 처벌이 아니라 자기 조절 공간으로 제시합니다. 쿠션, 책, 색칠 공부 같은 것을 비치하면 좋습니다.

다음으로 중요한 것은 아이의 감정 폭발 징후를 미리 알아차리는 것입니다. 폭발 징후는 아이마다 다릅니다. 어떤 아이는 얼굴이 빨개지고, 어떤 아이는 주먹을 꽉 쥐고, 어떤 아이는 말이 빨라집니다. 이 신호를 포착하면 즉시 개입합니다.

"민수야, 지금 화난 것 같은데? 잠깐 밖에 나가서 물 마시고 올까?"

이렇게 폭발하기 전에 중단시키는 것입니다. 하지만 이미 폭발해버렸다면 어떻게 해야 할까요? 폭발한 후에는 즉시 대응하지 않습니다. 안전을 확보한 후, 아이가 진정될 때까지 기다립니다. 그리고 조용히 대화합니다.

"무슨 일이 있었는지 이야기해줄래?"

아이가 어떤 이야기를 하든 비난하지 않고 들어줍니다. 그 다음 "또 화가 나면 어떻게 하면 좋을까?" 하고 함께 대안을 찾습니다. 폭발적인 감정을 다루는 방법은 뒤에서 단계별로 더 자세히 설명하겠습니다.

학부모와 함께 성장하기

교실에서의 노력만으로는 부족합니다. 산만한 아이들을 제대로 도우려면 가정과의 협력이 필수입니다. 하지만 이것이 가장 어려운 부분이기도 합니다. 많은 부모가 방어적이기 때문입니다. "우리 애가 그렇게 심한가요? 집에선 괜찮은데요" "제가 볼 땐 그냥 행동이 좀 클 뿐인 것 같아요"처럼 말하는 경우가 꽤 많습니다. 이럴 땐 교사의 판단이나 감정이 아닌 객관적 사실을 전달하는 것이 중요합니다. 따라서 부모를 만날 때는 문제를 나열하기보다 관찰 사실을 전달하는 것이 좋습니다.

"민수는 수업 시간에 자리를 평균 열 번 정도 벗어납니다. 집중 시간은 약 5분 정도입니다. 생각나는 것을 곧바로 말하는 경우가 많습니다."

이렇게 교사의 판단이나 감정적 비난이 아니라, 객관적 사실만 말합니다. 이왕이면 아이의 어려움과 함께 강점도 균형 있게 이야기합니다.

"하지만 민수는 에너지가 넘치고, 창의적이고, 친구들과 잘 어울립니다. 한번 관심을 가진 것에는 놀라운 집중력을 보입니다."

이것은 듣기 좋은 거짓말이 아닙니다. 이 아이들은 이 아이들대로 정말 많은 강점이 있습니다. 단지 오랜 시간 집중해 있어야 하는 상황과 환경이 맞지 않을 뿐입니다. 이렇게 학부모에게 객관적 사실을 전달하고 강점을 함께 이야기했다면, 이제는 해결을 위한 협력을 제안할 차례입니다.

"제가 학교에서는 이렇게 도와주고 있는데, 가정에서는 어떻게 하시나요? 함께 방법을 찾고 싶습니다"처럼 말해보세요. 학부모를 껄끄러운 적대자가 아니라, 같은 목표를 가진 동료로 접근해야 합니다. 말은 자세하게 안 해도 사실 학부모도 힘듭니다. 가정에서도 교사와 비슷한 어려움을 겪고 있을 가능성이 큽니다. 필요하다면 전문가 상담도 언급하되, 제안하는 정도로 말합니다.

"전문가와 이야기 나눠보셔도 도움이 많이 될 거예요. 아무래도 아이를 더 잘 이해하고 도울 수 있을 거예요"처럼 제안하듯 말합니다. 부모가 거부하면 더 이상 강요하지 않아도 됩니다. 저는 전에 단언하듯이 "이 아이는 ADHD가 맞습니다"라고 말했다가 그 학부모와 관계가 완전히 단절됐던 적도 있습니다. 틀리지는 않았으나, 좋은 방법은 아니었다고 생각합니다. 이런 말보다는 제안하듯이 부드럽게 접근하는 게 좋겠지요.

교사 자신을 먼저 돌보기

산만한 아이들을 가르치는 것은 정말 힘듭니다. 하루가 끝나면 기진맥진합니다. 내가 뭘 잘못하고 있나 자책할 때도 있을 겁니다. 하지만 선생님은 잘못하지도, 틀리지도 않았습니다. 이것은 원래 어려운 일입니다. 이럴 땐 동료 교사와 힘든 부분에 대해 이야기를 나눠보세요.

"우리 반에도 그런 아이 있어. 나도 힘들어."

동료의 이 한마디가 위로되지 않나요? 저는 그랬습니다. 동료 선생님들과 서로의 지도 전략을 공유하고, 서로를 격려합니다. 혼자 끙끙 앓지 마세요.

어떤 날은 잘 되고 어떤 날은 안 됩니다. 그래도 괜찮습니다. 완벽을 추구하기보다 계속 시도하는 것, 포기하지 않는 것, 그것이 중요합니다. 어떤 아이든 한 학기 만에 극적으로 달라지지 않습니다. 작은 변화들이 조금씩, 천천히 쌓여서 눈에 띄는 변화가 되는 것입니다. 3월의 민수와 12월의 민수는 분명 다릅니다. 3월에는 5분도 못 앉아 있던 아이가 12월에는 15분을 앉아 있다면 엄청난 성장입니다. 다른 아이들의 기준으로 보면 여전히 부족할 수 있지만, 그 아이의 출발점에서 보면 놀라운 발전입니다.

마지막으로 꼭 기억해야 할 것이 있습니다. 이 아이들은 문제가 있는 것이 아니라 다른 특성을 가진 것입니다. 교실에서 가장 산만했던 아이가 운동선수가 되어 놀라운 순발력을 보이기도 하고, 한시도 가만 있지 못하던 아이가 예술가가 되어 창의적인 작품을 만들기도 합니다. 지금 우리가 보는 문제 행동은 단지 그때 그 교실에 맞지 않는 것일 뿐, 그 아이의 전부가 아닙니다. 이 아이들의 가능성을 믿어주세요. 우리의 목표는 이 아이들을 '고치는' 것이 아닙니다. 이 아이들이 자신의 특성을 이해하고, 그것을 관리하는 법을 배우고, 자신의 강점을 발견하도록 돕는 것입니다.

"나는 남들보다 움직이는 걸 좋아해. 그래서 자리에 오래 앉아 있는 건 힘들어. 하지만 중요한 일을 할 때는 잠깐 참을 수 있어. 그리고 나는 에너지가 넘치는 게 장점이야."

이렇게 자신을 이해하는 아이로 자라도록 돕는 것입니다. 이것이 바로 부드러우면서도 단호한 학급 경영의 핵심입니다.

내향적인 아이,
있는 그대로 인정하라

학급에는 늘 조용하고 말이 없어서 목소리 한번 듣기 어려운 아이들이 있습니다. 친구들도 "선생님, 얘는 작년에도 수업 시간에 손 한번 안 들었어요" "수형이는 혼자 있는 거 좋아해서 친구들이랑 안 어울려요" "원래 말 안 해요" 같은 말을 하곤 합니다. 수업 시간에 유심히 살펴봐도 발표 시간이 되면 고개를 푹 숙이거나, 일부러 시선을 피하기도 합니다. 쉬는 시간에는 혼자 책을 읽고, 모둠 활동 때는 자기주장이나 의견을 내세우는 일 없이 친구들 의견만 따르고요.

이런 아이들을 보면 교사는 걱정이 되기도 합니다. 저는 실제로 '어떻게 해야 이 아이들의 성향을 적극적으로 고쳐줄 수 있을까?' '저런 행동은 교정해야 하는데…'처럼 생각하곤 했습니다. 소극적이고 말 없는 아이들이 보이면 그 자체로 문제 행동으로 여겼던 겁니다.

조용한 것이 꼭 문제일까?

✦

저의 이런 생각이 바뀌게 된 건 여러 해가 흘러 자녀를 키우면서부터였습니다. 막상 내 아이가 그런 소심하고 내성적인 모습을 보이자, 이 아이들에 대한 마음이 전혀 달라지더라고요. '좀 더 적극적이면 좋을 텐데…' '자신감이 없어 보이는데 괜찮을까?'와 같이 탓하는 마음보다는 '내가 무엇을 어떻게 도와줘야 할까?' '어떻게 해야 부담스럽지 않게 도와줄 수 있을까?'라는 방향으로 바뀌었거든요. '조용한 것이 꼭 문제일까?' '소극적인 면은 고쳐야 하는 것일까?'라는 생각도 갖게 되었고요.

사실 내향적인 성향은 문제가 아닙니다. 이런 아이들은 교실에서 크게 문제를 일으키지도 않고, 말썽을 부리는 일도 거의 없지요. 다만, 제가 그랬듯이 교사들은 "지수는 왜 그렇게 조용하니?" "모둠 활동을 좀 더 적극적으로 해봐" "목소리 더 크게 내야지" "손 들고 말해" 같은 말들을 자신도 모르게 내향적인 아이에게 자주 하게 됩니다.

이런 말을 자주 듣는 아이는 어떻게 생각할까요? '내가 뭔가 잘못됐구나' '내 성격은 고쳐야 하는, 문제 있는 것이구나'라고 생각하게 될지도 모릅니다. 그렇게 생각하게 된다면 아이는 자신의 성격 자체를 부끄럽게 여기게 되겠지요.

앞에서 연습했듯이, 이때도 Why 화법을 How 화법으로 바꿔보세요. "너는 왜 그렇게 말이 없니?" 대신 '어떻게 하면 이 아이가 편안하게 자기 생각을 표현할 수 있을까?', "너는 왜 친구들이랑 안 놀아?" 대신 '이 아이가 좋아하는 활동은 무엇일까?'처럼요.

'어떻게 하면 이 아이를 있는 그대로 인정하면서 도와줄 수 있을까?' 하고 생각하는 것만으로도 교사의 태도가 달라집니다. 아이를 바꾸려는 교사와 아이를 이해하려는 교사는 당연히 아이를 대하는 태도도, 말투도, 눈빛도 다릅니다.

내향적인 성격은 문제가 아닙니다. 그것은 그저 아이의 기질일 뿐입니다. 어떤 아이는 많은 사람과 함께 있으면 에너지가 충전되지만, 어떤 아이는 혼자 있을 때 에너지가 충전됩니다. 어떤 아이는 빨리 결정하고 행동하지만, 어떤 아이는 충분히 생각한 후에 행동합니다. 아이들이 자라는 과정에서 자신의 성격 중 어떤 부분은 모난 돌처럼 뾰족해서 자주 부딪치고 깨지겠지만, 결국 인생이라는 긴 여정에서 살펴본다면 남에게 피해를 주지 않는 선에서는 어떤 것이든 괜찮습니다.

내향적인 아이들은 강점이 많습니다. 이 아이들은 깊이 생각합니다. 말하기 전에는 충분히 고민하고, 생각을 정리해서 신중하게 말하지요. 그래서 한번 말할 때 의미 있는 말, 자기 나름의 고민을 충분히 담아낸 말을 하곤 합니다. 특히 관찰력이 뛰어납니다. 시끌벅적하게 친구들과 떠들기보다는 조용히 관찰하고, 탐색하려고 합니다. 덕분에 친구들의 감정을 잘 읽어내고, 교실의 분위기를 파악하는 데도 능숙하지요. 이런 점 때문에 말수가 없어 보이는데, 이 아이들을 잘 따르고 좋아하는 아이들도 많답니다. 활발하고 유머러스한 아이들만 인기가 많을 것 같지만, 실제 교우 관계에서는 말은 없어도 부드럽고 온화한 아이가 인기가 많은 것도 그래서지요.

이뿐 아니라, 이 아이들은 집중력이 좋습니다. 혼자 하는 활동에서 놀라운 집중력을 보입니다. 책 읽기, 그림 그리기, 글쓰기 같은 활동에 몰입해서 빠져드는 모습도 자주 보여줍니다. 신중하기 때문에 충동적으로 행동하지 않고, 누군가에게 피해를 주고 마음 아프게 하는 일도 잘 하지 않습니다. 문제가 생겼을 때는 차분하게 해결 방법을 찾고, 교사에게도 깊이 고민을 털어놓는 식으로 접근합니다. 이런 강점들을 교사가 먼저 알아봐주고, 의도를 갖고 자주 격려해주면 아이들도 점점 자신감을 찾아갑니다.

내향적인 아이들의 강점을 끌어내는 법

✦

내향적인 아이들에게 필요한 것은 강점을 강제로 끌어내는 것이 아니라 안전하게 꺼내 보일 기회를 만들어주는 것입니다.

일대일 대화부터 시작합니다. 사람이 많고, 주목받아야 하는 상황에서 발표하는 것은 이 아이들에게 너무 부담스러운 일입니다. 그보다는 먼저 일대일로 이야기 나누는 기회를 만듭니다. "지수야, 선생님이랑 잠깐 이야기해볼까?"처럼 점심시간, 쉬는 시간에 짧게 대화합니다. 말수가 없고 신중해서 물어도 잘 대답하지 않을 겁니다. 이때도 대답을 강요하지 않습니다. 아이가 조용히 듣기만 해도 괜찮습니다. 신뢰가 천천히 쌓이면 아이도 조금씩 입을 엽니다.

또 다른 방법은 소모임에서 활동할 기회를 주는 것입니다. 학급 전체 앞에서 발표하기 전에, 짝과 먼저 이야기하게 합니다. 짝과 이야기 나누는 게 좀 편해지면, 그다음은 4인 모둠 토의로 확장합니다. 이렇게 작은 그룹에서 자신감이 생기면, 그다음은 큰 무리 앞에서도 조금씩 말할 수 있게 됩니다. 저는 이 과정을 의도적으로 자주 반복하게 했는데, 이런 지도가 충분히 진행된 다음에는 소심한 아이들도 친구들 앞에서 편안하게 발표하는 모습을 볼 수 있었습니다.

그러기 위해서는 준비할 시간이 필요합니다. "지금 바로 발표해!"라고 하는 것은 이 아이들에게 최악의 공포입니다. 대신 어떤 활동이 이어질지 미리 예측하게 해줍니다. '우리 선생님은 활동이 끝나기 전에 다 같이 정리하는 시간을 주곤 하지'처럼 예측할 기회를 주는 것입니다. 교사는 "10분 후에 각자 한 문장씩 발표할 거야. 지금 생각 정리해봐"처럼 말해주면 됩니다. 이렇게 준비할 시간과 예측 가능한 활동이면 이 아이들도 훨씬 편안하게 참여합니다.

말로 표현하는 발표가 부담스럽다면 글로 쓰게 합니다. 포스트잇에 쓰기, 공책에 쓰기, 패들렛에 올리기 등의 방법이 있습니다. 이런 방법으로도 충분히 자기 생각을 표현할 수 있습니다. 요즘 교실에선 말이 별로 없어도 SNS에선 댓글을 달고, 영상을 올리는 등 자기 나름의 의사 표현을 활발하게 하는 아이도 있습니다. 이 경우도 표현 방식이 다를 뿐 결국 표현의 욕구는 모든 아이에게 있다는 뜻으로 이해할 수 있습니다. 교실에선 "발표가 부담스러우면 글로 써서 제출해도 돼"처럼 선택지를 주면 됩니다. 이런 성향의 아이라면 안도하겠지요.

발표를 잘하는 아이에게 발표 역할을 주듯이, 내향적인 아이에게는 그 아이가 잘할 수 있는 역할을 주는 것도 방법입니다. 저는 이런 아이들에게 글을 쓰게 하는 '기록이' 역할을 자주 맡기곤 했습니다. 실제로도 편하게 아이들끼리 역할을 정해 보게 해도 이 아이들이 가장 많이 선택하는 게 기록이였습니다. "지수야, 이번 모둠 활동에서 기록하는 역할 맡아줄래?"라든가, "네가 그림을 잘 그리니까, 모둠 포스터 만드는 거 도와줘"처럼 격려해줍니다. 이렇게 자신이 잘하는 것으로 모둠에 기여하는 경험이 자신감을 만든답니다.

내향적인 아이들은 칭찬할 때도 주의가 필요합니다. 저도 잘 몰랐을 땐 '전체 앞에서 칭찬하면 누구나 좋아하겠지' 하고 오해했던 적이 있습니다. 그런데 이 아이들은 남들 앞에서 주목받고 칭찬받는 상황 자체를 불편해한다는 걸 알게 되었습니다. 이걸 깨달은 이후로는 칭찬도 주의 깊게 고민한 다음 하게 되었습니다.

예를 들면 "여러분, 오늘 지수가 정말 용감하게 발표했어요! 박수 쳐줘요!"라고 하면 부담스럽습니다. 교실 안의 모든 시선이 자신에게 쏠리는 것을 이 아이들은 좋아하지 않거든요. 대신 조용히, 개별적으로 칭찬합니다.

"지수야, 오늘 발표 정말 잘했어. 네 생각이 잘 정리되어 있더라." 이렇게 짤막한 쪽지를 책상에 놓는 방법도 좋습니다. 문자로 "오늘 준비 잘했더라. 고생했어"처럼 간단한 격려의 말도 좋고요.

이 아이들에게도 과정과 노력을 칭찬하는 것은 좋습니다. "용감하게 손 들었네!"보다는 "어제 연습한 게 보이더라. 많이 준비했구나"가 더 좋습니다. 결과보다는 그 과정에서 얼마나 용기를 냈는지, 얼마나 노력했는지를 봐주는 것입니다. 설사 발표를 완벽하게 못 해도 괜찮습니다. 시도했다는 것 자체가 대단한 일이니까요. "오늘 손 들려다가 내렸구나. 그것도 용기야. 다음에는 좀 더 편하게 할 수 있을 거야"처럼요.

이처럼 내향적인 아이들을 격려하는 방법을 실천하다 보면, 교사가 무심코 저지르는 실수들이 있습니다. 좋은 의도였지만 오히려 아이를 더 위축시키거나 상처를 주는 말과 행동들일 때가 있지요. 그래서 내향적인 아이들을 대할 때 특별히 조심해야 할 점들을 정리해봤습니다.

내향적인 아이를 대할 때 주의할 점

✦

첫째, 억지로 끌어내지 않습니다 "지수는 발표 한 번도 안 했으니까, 오늘은 무조건 하고 가는 거야"처럼 지도하면 아이는 이걸 궁지에 몰리는 것과 비슷한 느낌으로 받아들일 수 있습니다. 준비가 되면 스스로 앞으로 나올 수 있게 기다려주는 쪽이 좋습니다.

둘째, 남과 비교하는 말을 하지 않습니다. 이런 아이들은 형제자매 중에 활발한 아이가 있으면 그동안 비교당하며 상처받아왔다는 것을 조금만 이야기 나눠봐도 알 수 있습니다. "형도 잘했으니까 너도 잘하겠지?" "누나랑 다르게 소극적이네요"

같은 말은 아이에게 상처를 줄 뿐입니다. 각자의 속도가 다르고, 방식도 다릅니다. 다른 아이가 아니라, 그 아이 자신의 어제와 오늘을 비교해줘야 합니다.

셋째, "창피한 거 아니야"라고 말하지 않습니다. "창피할 것 없어. 다들 친구잖아." 이 말은 도움이 안 됩니다. 아이의 감정을 부정하는 말입니다. 대신 이렇게 말합니다. "떨리는 게 당연해. 선생님도 처음엔 그랬어. 천천히 하면 돼." 아이의 불편하고 부담되는 감정을 인정하면서, 가능성을 열어두는 것입니다.

넷째, 계속 주목받도록 하지 않습니다. 자칫 "지수는 오늘도 말이 없네?" "수형아, 오늘은 한번 말할 때도 됐잖아?" 같은 언급은 아이를 더 위축시킵니다. 조용한 것도 괜찮다고, 그것이 그 아이의 방식이라고 인정해줍니다.

다섯째, 학부모와 함께 이해하도록 해야 합니다. 내향적인 아이의 부모들은 크게 두 부류입니다. 한 부류는 자신도 내향적이어서 아이를 이해하고 품을 수 있습니다. 이 경우는 함께 아이를 도울 방법을 찾으면 됩니다. 다만, 아이와 성향이 다른 부류는 아이를 잘 이해하지 못합니다. "저는 어릴 때 안 그랬는데, 우리 애는 왜 이렇게 소극적인지 모르겠어요"라고 걱정하고 불만족스러워 합니다. 이런 경우는 부모에게 내향성에 대해 설명합니다.

"지수는 조용하지만 관찰력이 뛰어나고, 깊이 생각합니다.

말수는 적어도 의미 있는 말을 곧잘 해요. 이것은 성격의 문제가 아니라 기질의 차이입니다. 아이마다 다 다르다는 걸 인정하고 존중해주는 게 좋을 것 같아요"처럼 객관적으로, 강점 중심으로 설명합니다.

또한 가정에서 할 수 있는 것을 제안합니다. "집에서 발표 연습을 미리 해보면 어떨까요? 익숙하고 편안한 대상 앞에서 먼저 말해보는 거죠. 그러면 학교에서 조금 더 편하게 할 수 있거든요"처럼 강요가 아니라 제안으로 조언합니다.

아이의 속도를 존중하자고 이야기합니다. "우리가 보기엔 조금 느릴 수 있지만, 수형이는 수형이만의 속도로 성장하고 있습니다. 무리하게 밀어붙이거나 고치려고 하면 오히려 역효과가 날 수 있어요. 이이는 아이대로 존중해줄 필요가 있답니다"처럼요.

교실에는 다양한 아이가 있습니다. 떠들썩한 아이, 조용한 아이, 빠른 아이, 느린 아이. 그 모두가 소중합니다. 내향적인 아이들은 교실 안의 큰 목소리가 아닐 수 있습니다. 하지만 그들도 분명히 우리 교실의 소중한 구성원입니다. 조용히 관찰하고, 깊이 생각하고, 신중하게 행동하는 그들의 방식도 존중받아야 합니다. 교사의 목표는 모든 아이를 외향적으로 만드는 것이 아닙니다. 각자의 기질을 존중하면서, 각자가 자신의 방식으로 성장하도록 돕는 것입니다.

"선생님, 저는 발표는 잘 못해요. 하지만 제 생각을 글로 쓰는 건 잘할 수 있어요. 글로 써볼게요."

이렇게 자신을 이해하는 아이로 자라도록 돕는 것입니다. 이것이 부드러우면서도 단호한 학급 경영의 핵심입니다. 부드럽게 아이를 있는 그대로 인정하고, 단호하게 아이가 자기만의 방식으로 성장할 권리를 지켜주는 것 말입니다.

가정 환경이 어려운 아이들 지원하는 법

간혹 이런 아이들이 눈에 띄지 않나요? 잘 감지 않는 머리에, 계절이 바뀌어도 한참이 지날 때까지 같은 옷을 입는 아이들 말입니다. 아침엔 피곤하고 졸린 눈으로 부스스하게 교실에 들어서고, 수업 시간엔 집중도 잘 못 하고, 심지어 졸 때도 있지요. 이런 아이들은 준비물도 잘 안 챙겨오고, 숙제도 잘 안 하지요. 대신 점심시간이면 게 눈 감추듯 두 번씩 급식을 먹기도 합니다.

저는 이런 아이들을 '눈에 안 보이는 짐을 지고 오는 아이들'이라고 부릅니다. 가정의 보살핌이나 충분한 애정을 받지 못하고 방치되거나 방임되는 아이들, 교사의 관심과 배려가 조금 더 필요한 아이들이지요.

"왜 숙제 안 해왔니? 이렇게 자꾸 안 해오면 어떻게 해?"

"오늘 준비물 또 안 가져왔니?"

"왜 수업 시간에 자니?"

교사가 자신도 모르게 준비물을 안 가져오고 숙제를 안 해오는 아이에게 자주 하는 말입니다. 하지만 이 아이들에게는 우리 눈에 잘 드러나지 않는 이유와 사정이 있습니다.

전에 부모가 식당을 해서 늦게까지 집에 혼자 있는 아이와 상담했던 적이 있습니다. 부모가 늦은 시간까지 집에 오지 않으니, 아이는 늦게까지 부모를 기다리다가 잠이 들었습니다. 돌봄이나 관심이 전혀 없으니, 저녁에 혼자 공부를 하거나 숙제를 하는 게 아니라 게임이나 유튜브에 푹 빠져 살았죠. 그러다가 늦게 자고, 늦게 자니 늦게 일어나고, 늦게 일어나니 무거운 몸을 억지로 이끌고 학교에 왔습니다. 밥 먹는 시간 말고는 눈에 생기가 도는 일이 거의 없었고요. 이게 매일 반복되는 패턴이었습니다.

부모님이 늦게까지 일해서 집에 혼자 있어야 하는 아이, 갓난아이 동생이 있어서 밤늦게까지 잠을 못 자는 아이, 집에 먹을 것이 없어서 배고픈 채로 학교에 오는 아이, 부모의 다툼 소리 때문에 편히 쉬지 못하는 아이 등 우리 사회의 사각지대에 놓인 아이들은 참으로 다양합니다.

저는 이것도 이렇게 물어보길 권합니다. "너는 왜 숙제를 안 해오니?" 대신 '어떻게 하면 이 아이가 숙제를 할 수 있는 환경을 만들어줄 수 있을까?', "왜 자꾸 늦니?" 대신 '무엇이 이 아이를 이렇게 피곤하게 만드는 걸까?'를 고민하는 것이지요.

교사가 모든 걸 책임지고 다 해줄 수는 없습니다. 그건 사회나 복지 제도의 문제이기도 하니까요. 하지만 교실에서만큼은 교사가 '어떻게 하면 이 아이를 도와줄 수 있을까?' 하고 생각하는 것만으로도 많은 부분이 달라질 수 있다고 생각합니다.

아이의 어려움 알아채기

관찰해야 할 신호가 몇 가지 있습니다. 같은 옷을 계속 입고 오는 경우, 머리를 안 감거나 손톱이 지저분하거나 냄새가 나는 등 개인위생이 좋지 않은 경우, 휴일을 지나고 오면 특히 더 피곤해 보이는 경우, 점심을 매우 빠르게 많이 먹는 경우(집에서 굶고 있을 확률이 높습니다), 준비물을 거의 가져오지 않고 이유를 물어보면 잊어버렸다고 둘러대는 일이 많은 경우, 학부모와 연락이 잘 되지 않는 경우 등입니다. 이런 신호가 보이면 아이가 가정에서 돌봄을 제대로 받지 못하고 있다는 걸 눈치챌 수 있습니다. 이럴 때는 교실에서 할 수 있는 실질적 지원 방법을 마련해주는 것이 좋습니다.

첫째, 기본 준비물을 교실에 비치합니다. 교실에 공용 준비물 상자를 만듭니다. 저는 아이들이 찾아가지 않고 버려둔 학용품을 모아서 공용 준비물로 쓰기도 했습니다. "필요한 사람은 여기서 가져다 쓰면 돼. 다 쓰고 다시 넣으면 돼"라고 지도합니다. 연필, 지우개, 풀, 가위, 색연필 등 기본 준비물을 여분으로 넉넉하게 비치합니다. 누가 쓰는지 특별히 체크하지 않습니다. 모두가 자연스럽게 쓸 수 있게 합니다.

둘째, 아이가 배고플 수 있다는 점을 염두에 둡니다. 급식을 천천히, 넉넉하게 먹을 수 있도록 배려하는 것만으로도 아이는 마음이 한결 편안해질 수 있습니다.

셋째, 학교에서 공부할 시간을 줍니다. 집에서 숙제할 환경이 안 되는 아이들이 있습니다. 그렇다면 학교에서 하게 합니다. "오늘 배운 건 어려우니까, 남아서 공부할 사람은 하고 가도 돼. 하다가 막히거나 어려우면 선생님한테 물어봐"처럼 지도합니다.

넷째, 위생 문제가 심각하면 보건실이나 교육 복지사와 협력합니다. 요즘은 대부분 학교에서 교육 복지 예산으로 다양한 사업을 하고 있습니다. 여벌 옷을 비치할 수도 있고, 조용히 새 옷을 사서 선물할 수도 있습니다.

다섯째, 아이의 강점에 집중합니다. 어린 시절 가난했어도 성공한 인물은 셀 수 없이 많습니다. 환경이 어렵더라도 이 아이들에겐 분명히 강점이 있습니다. 가난은 안타까운 일이지만, 불쌍해할 일은 결코 아닌 것이지요. "준호는 동생들을 잘 돌봐. 책임감이 있구나" "준호는 친구들을 잘 도와줘. 배려심이 있어" "준호는 잘 웃는구나. 마음이 참 따뜻해" 같은 격려의 말을 자주 들려주면 좋겠지요. 아이가 자신을 가난한 아이가 아니라, 강점을 가진 한 사람으로 볼 수 있게 해주는 것이 중요합니다.

사실 이런 문제는 교사 혼자서 해결할 수 없습니다. 학교와 지역 사회의 자원을 활용해야 합니다. 학교 내 자원으로는 교육 복지사, 상담 교사, 보건 교사, 영양 교사 등에게 도움을 받을 수 있습니다. 학교장, 교감 등과 긴밀히 상의해서 혹시라도 지역 사회에 장학금 등의 지원이 있다면 우선적으로 받을 수 있도록 협의해두는 것도 좋고요. 지역 사회에는 드림스타트, 지역 아동 센터, 교육청의 다양한 지원 사업이 있습니다. 이런 자원들을 파악하고, 필요한 아이와 연결해줍니다. 단, 항상 아이와 보호자의 동의를 구해야겠지요.

어려운 가정의 학부모와 소통할 때

✦

가정 환경이 어려운 아이의 학부모를 만날 때는 더욱 조심해야 합니다. 특히 섣불리 판단하지 않는 게 중요합니다. '부모가 아이를 제대로 안 챙기네. 부모가 너무 관심 없는 거 아니야?'처럼 섣부르게 판단하는 것은 매우 주의해야 합니다. 겉으로 드러나는 것 외의 그 가정의 속사정이나 형편, 처한 상황 등을 우리는 다 알지 못합니다. 그들 나름의 최선을 다하고 있는 것인지도 모릅니다.

따라서 비난이 아닌 협력으로 접근해야 합니다. "준호 준비물을 제대로 챙겨주세요"가 아니라 "준호가 필요한 준비물은 학교에서 지원하고 있으니 걱정하지 않으셔도 됩니다"라고 말하고, 지원할 수 있는 부분에 대해서 충분히 안내합니다. "혹시 가정에서 지도가 어려운 부분이 있으면 편하게 말씀해주세요. 학교에서 연결해드릴 수 있는 지원이 있습니다"처럼 제안하는 것이지요.

사실 가장 힘든 경우는 학부모와 연락조차 되지 않는 경우입니다. 전화를 해도 받지 않고, 가정 통신문에 응답이 없고, 상담 요청을 해도 오지 않습니다. 심지어 아이를 방임하고 있는 것이 분명한데도 개입을 거부하는 경우도 있습니다.

이럴 때 교사는 좌절감을 느끼기 쉽습니다. '부모가 저렇게 무관심한데 내가 뭘 할 수 있겠어?' '가정에서 안 되는데 학교에서 무슨 일을 한들…'처럼 생각하게 되지요. 하지만 여기서도 중요한 것이 있습니다. 교사는 학부모가 협조하든 안 하든, 자신이 해야 할 일은 다 해야 합니다.

교사의 책임은 학부모의 협조 여부와 무관합니다. 교사는 학생의 상황이 어떻든, 학부모가 어떤 사람이든 담임하는 학생을 가르쳐야 하는 책임이 있습니다. 부모가 방임하더라도, 교사는 자신의 역할을 다해야 합니다. 준비물을 챙겨주고, 배고프지 않게 돕고, 청결을 유지하게 지도하고, 따뜻한 말을 건네고, 아이에게 안전한 환경을 만들어주려고 노력해야 하는 것입니다.

이런 노력은 부모가 협조할 때 할 수 있는 게 아닙니다. 오히려 부모가 잘 못할 때 더 필요한 것입니다. 부모가 안 챙기고, 주변에 도와줄 사람마저 없다면, 학교 선생님이 아이 곁의 유일한 어른일 것입니다. 어려운 환경에서 잘 성장한 아이들의 공통점은 어린 시절 단 한 명의 믿을 만한 어른을 만난 경험이 었다는 연구 결과도 있지요. 부모가 아니어도 선생님, 이웃, 친척, 그 누구라도 단 한 명만 있으면, 그 사랑으로 아이의 인생은 달라집니다. 교사가 그 한 명일 수도 있는 거고요.

지속적인 방임이나 학대가 의심되는 경우, 교사에게 신고할 의무가 있다는 것도 잊어서는 안 됩니다. 이것은 부모를 공격하는 것이 아니라 아이를 보호하는 것입니다. '신고하면 아이가 더 힘들어지지 않을까?'와 같은 걱정으로 신고를 망설이는 경우가 많습니다. 하지만 신고하지 않으면 상황은 더 나빠집니다. 전문 기관의 개입이 필요한 상황이라면, 학교장과 반드시 상의해서 개입해야 합니다.

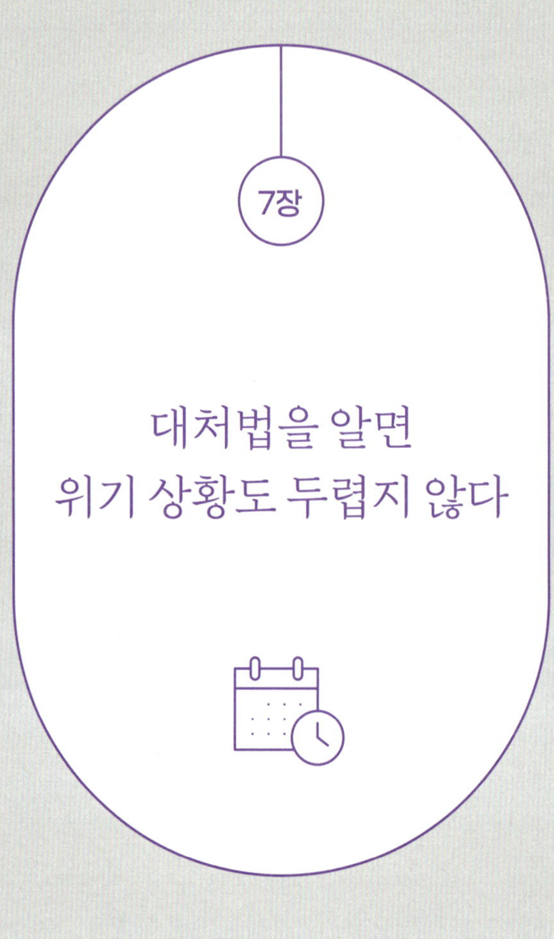

7장

대처법을 알면 위기 상황도 두렵지 않다

아이의 폭발적인 감정 다루기

2학년을 담임할 때 화가 나면 자신의 팔뚝을 물어뜯던 학생이 있었습니다. 그 모습을 볼 때마다 다른 친구들은 물론이고, 저도 가슴이 덜컥 내려앉으면서 겁이 나곤 했습니다. 물론 1년여의 시간이 흘러 상급 학년에 진학할 무렵에는 아이가 많이 달라졌습니다. 부모님이 찾아오셔서 아이가 정서적으로 많이 안정되었다면서 고맙다고 몇 번이고 고개를 숙이셨습니다. 시간이 걸리긴 했어도 우리 교실에서 아이는 감정을 다루는 힘을 조금이나마 길렀던 것이지요.

아이들의 폭발적인 감정을 지도하기란 쉽지 않습니다. 하지만 교사가 끊임없이 고민하고 일관되게 지도할 수 있다면 아이들은 달라질 수 있다는 걸 보여준 사례라고 생각합니다.

아이가 흥분해서 화가 폭발하는 상황이 되면, 교사는 당황하기 쉽습니다. '지금 뭐 하는 거지?'라든가, '빨리 진정시켜야 하는데…'처럼 머릿속이 복잡해집니다. 하지만 이런 순간일수록 교사의 침착한 대응이 필요합니다.

감정이 폭발하는 상황은 컴퓨터가 갑자기 과부하가 걸려서 멈춰버린 것과 비슷합니다. 감정이 너무 커지고 급속도로 활성화되다 보니, 이성을 통제하는 아이의 뇌가 마비되는 것이지요. 컴퓨터도 멈추면 재부팅을 해야 하듯이 아이도 재부팅과 같은 일련의 시간이 필요합니다. 감정을 진정시킬 시간을 주는 것입니다. 이 단계를 매뉴얼로 만들어두면 아이도 교사도 차분하게 대응할 수 있습니다.

감정 폭발의 3단계 대응 전략

✦

먼저 아이의 안전을 확보합니다. 안전은 어떤 상황에서도 가장 중요합니다. 아이 스스로 자신을 다치게 하거나 다른 아이들을 다치게 하는 상황은 없어야 합니다. "지웅아, 선생님 지금 여기 있어"라고 침착하며 나직한 소리로 말합니다. "야! 김지웅! 너 뭐해!"처럼 다그치거나 소리치지 않고, 부드럽지만 단호하게 아이 곁으로 다가갑니다.

이때 아이가 던질 만한 물건이 주변에 있는지 확인하고 바로 치웁니다. 다른 아이들에게는 “하던 거 조용히 마무리하자” 처럼 말하고, 상황을 구경하면서 웅성거리다가 아이를 자극하지 않도록 주의합니다. 구경꾼이 많고, 말이 많이 들려올수록 흥분이 더 올라오기 때문입니다.

그런 다음 감정을 인정하고 공간을 만들어줍니다. 감정을 인정하는 것은 아무리 아이가 흥분하고 화가 났어도 일관되게 적용되는 우리 반의 규칙이어야 합니다. ‘감정은 받아줄 수 있지만, 그 이상의 행동은 안 된다’는 원칙이 분명하게 작동해야 합니다. “선생님이랑 잠깐 밖에 나가서 이야기할까?” “세수하고 와서 다시 이야기 나누자”처럼 대응하면 다른 아이들의 시선에서 벗어나 아이가 진정하는 데 도움이 됩니다. 이때 굳이 교실 복도까지 나가지 않아도 괜찮습니다. 흥분한 아이가 다른 아이들의 시선으로부터 조금이나마 가려진다면 도움이 됩니다.

마지막으로 진정할 시간을 줍니다. 감정적으로 흥분한 상태에서는 이야기를 나누기 어렵습니다. 이때는 설명해보라고 야단치거나 사과를 종용하지 않는 게 좋습니다. “심호흡해보자. 천천히 숨 쉬어봐. 선생님이랑 함께 해보자”처럼 실질적으로 도움이 되는 행동을 말해주는 게 좋습니다.

교사의 호흡을 아이가 따라 하도록 시범을 보입니다. 말을 많이 하는 것보다 "괜찮아. 천천히 해도 돼. 선생님이 여기 있어. 너랑 같이 있을게"처럼 안심이 되는 말을 중간중간 아이에게 해주는 것이 좋습니다.

아이가 진정되면 신호가 보입니다. 호흡이 가다듬어지고, 울음을 그치는 식의 신호입니다. 이런 신체적 신호가 보이면 그때 대화를 나눕니다. 무슨 일이 있었는지 물어보고, 감정에 이름을 붙이는 작업을 함께 합니다.

이때도 "왜 그랬어?" 대신 "무슨 일이 있었는지 말해볼래?"가 좋겠지요. 그러면 "○○가 저한테 뭐라고 했어요" "○○가 저를 놀렸어요" 등 아이의 감정적 방아쇠를 당기게 한 행동의 단서가 드러날 것입니다. 이때 아이의 감정에 이름을 붙이는 작업을 하면 됩니다. "그래. 친구 말에 많이 속상했구나" "뭔가 불편하고 불안한 마음이 들었나보네"처럼요. 이렇게 감정에 이름을 붙여주면 아이도 자신의 감정이 무엇인지를 이해하기 시작합니다.

만약 잘못된 행동이 있다면, 그 부분에 대해서 스스로 생각해볼 기회를 줘야 합니다. "화날 수 있지. 얼마든지 그럴 수 있어. 하지만 공책을 찢고 바닥에 던지면 어떻게 될까?" 같은 말로 스스로 생각해보게 하는 것입니다. "누가 맞을 수 있어요"처럼 대답하면 "그래. 그럼 그 친구는 어떤 마음이 들까?" "다음엔 어떤 식으로 행동하는 게 좋을까?" 하고 아이의 의견을 먼저 묻고, 아이의 답을 정리해줍니다.

이때 "선생님한테 말해요" "잠깐 심호흡해요" "일단 물을 마시고 선생님이랑 이야기해요" 같은 구체적인 행동 방안에 대해 이야기를 나누어야 합니다. 이런 대안을 제시하지 않고, "그런 행동 하지 말라고 했지? 다음에 이러면 너 혼나"같은 식으로만 이야기하면 어떤 행동이 좋은 대안이 되는지 생각해보고, 행동을 스스로 교정할 기회를 놓치게 됩니다.

안전하게 표출하는 감정 조절 지도법

어떤 아이는 이런 폭발이 자주 있습니다. 감정적인 컨트롤이 남들보다 약한 아이들도 있기 때문입니다. 이런 일이 반복되면 패턴임을 알아차려야 합니다. 아이를 눈여겨보았다가 언제 그런 자극에 노출되고 폭발하게 되는지 확인해두세요. 아이가 폭발하기 직전의 표정이나 행동이나 말투를 주의 깊게 살펴보는 것도 좋겠지요.

이 패턴이 읽히면 그다음 지도로 조금 나아갈 수 있습니다. 예방 전략을 세워두었기 때문이죠. 폭발하기 직전에 아이에게 다가가 "선생님이랑 어떻게 하기로 했지?" "잠깐 물 마시고 올까?" "화장실 가서 세수하고 올래?"처럼 대응법을 상기시켜줄 수 있습니다.

손가락으로 10까지 세기, 주먹 쥐었다 폈다 반복하기, 심호흡하기, 눈 감고 마음속으로 숫자 세기 같은 구체적인 감정 조절 방법을 가르쳐주면 도움이 됩니다. 이건 비단 일부 아이들에게만 해당하는 게 아니라, 모든 학생에게 똑같이 지도해도 좋습니다.

전문가의 도움을 받거나 학부모와 협력하는 것도 중요합니다. 학부모에게는 감정을 배제한 객관적 사실 위주로만 말합니다. 집에서도 비슷한 일은 없었는지, 집에선 어떻게 도와주고 있는지 먼저 물어보고, 학교에서 지도한 내용을 공유한 후 앞으로 어떻게 해야 할지 아이와 함께 이야기 나눠볼 것을 제안합니다.

교사: 어머니, 안녕하세요. 지웅이 담임입니다. 지웅이가 여러 가지 측면에서 많이 성장하고 있습니다. 학습적인 측면에서나 정서적인 측면에서 성장하고 있다는 게 느껴져요.(긍정적인 방향 먼저 가볍게 말하기) 다만, 오늘 수학 시간에 옆 친구가 지웅이에게 익힘책에 쓴 숫자가 이상해 보인다는 말을 했고, 그 순간 갑자기 지웅이가 큰 소리로 화를 내면서 공책을 찢은 일이 있었습니다.(사실을 육하원칙에 따라 객관적으로 전달하기)

지웅이가 진정될 때까지는 대화가 어려워서 심호흡을 하게 했습니다. 저와 같이 심호흡을 여러 번 한 다음엔 차분해져서 다시 이야기를 할 수 있었습니다.(대응 내용 전달하기)

이후 점심시간에 오늘 있었던 일에 대해서 지웅이와 깊이 이야기를 나누었습니다. 지웅이는 큰 소리로 화내서 친구들에게 미안하다고 했고, 다음부턴 소리 지르기 전에 숫자를 세어 보겠다고 약속했습니다.(구체적인 지도 전략 설명하기)

가정에서 혹시 이런 일이 있으면 어떻게 지도하시는지 궁금했습니다. 학교에서 앞으로 어떻게 지도할지에 대해서도 안내해드리고 싶었고요. 답변 부탁드립니다.

사실 아이의 감정적인 폭발은 교사에게도 큰 스트레스입니다. 그래서 교사가 소진되지 않도록 스트레스를 잘 관리해야 합니다. 어떤 의미에선 아이도 죄책감을 느끼거나 무서워하기도 합니다. 스스로 나쁜 아이라는 정체성을 갖고 나면 더 폭발적으로 공격적인 행동을 하게 됩니다. 그 순간 교사가 침착하게 대응하면서 곁에 있어주고, 안전하게 감정을 표현하도록 돕고, 진정된 후에는 구체적인 대안 전략을 함께 찾아보는 것. 이것이 바로 부드러우면서도 단호한 학급 경영입니다. 부드럽게 아이의 감정을 인정하고, 단호하게 안전한 행동의 경계를 지키는 것. 부드럽게 아이 곁에 있어주고, 단호하게 폭력적인 행동은 허용하지 않는 것. 이 균형이 아이를 성장시킵니다.

"지웅아, 화날 수 있어. 그런데 안전하게 화내는 방법도 배워야 해. 선생님이 도와줄게."

이 말을 듣고 자란 아이는 감정을 조절할 줄 아는 사람으로 자랄 것입니다. 그리고 그것이 바로 우리가 아이들에게 가르쳐야 할 중요한 부분입니다.

그럼에도 꼭 기억해야 할 것이 있습니다. 어떤 상황에서도 교사가 다치거나 안전을 위협받는 일은 없어야 한다는 것입니다. 아이들을 지도할 때 어려움이 있다면 반드시 교장과 교감 등 관리자와 이야기 나누어 안전을 보호받도록 조치를 취해야 합니다.

교실 내 안전사고 대응하기

교실은 많은 학생이 함께 사용하는 공간인 만큼 사건과 사고도 자주 일어납니다. 사고는 어느 교실에나 있을 수 있습니다. 교사도 놀라고 당황스러운 건 아이들과 마찬가지겠지만, 그래도 최대한 차분하고 침착하게 대응해야 합니다.

학교 안전사고는 교육 활동 중에 발생한 사고를 말합니다. 교육 활동이란 ① 통상적인 경로 및 방법에 의한 등하교 시간, ② 휴식 시간 및 교육 활동 전후의 통상적인 학교 체류 시간, ③ 학교장의 지시에 의하여 학교에 있는 시간, ④ 학교장이 인정하는 직업 체험, 직장 견학 및 현장 실습 등의 시간, ⑤ 기숙사에서 생활하는 시간, ⑥ 학교 외의 장소에서 교육 활동이 실시

될 경우 집합 및 해산 장소와 집 또는 기숙사 간의 합리적 경로와 방법에 의한 왕복 시간을 말합니다. 그 폭이 상당히 넓지요?

신규 교사 때 학생 하나가 놀다가 책상 모서리에 부딪혀서 이마가 찢어진 적이 있었습니다. 얼결에 병원까지 따라갔는데, 어찌나 놀라고 긴장했는지, 어느새 제가 울고 있었습니다. "많이 아프지. 어떡해, 어떡해" 하면서요. 가장 침착해야 할 교사가 더 놀라서 울고 있었던 겁니다. '어떡하지?' '피가 많이 나는데…' '119를 불러야 하나?' 하고 당황스러울 수 있지만, 이 순간 교사가 누구보다 침착하고, 신속하게 대응해야 한다는 점을 꼭 기억하세요.

미리 숙지하는 안전사고 행동 수칙

안전사고 발생 시 행동 수칙에 대해 학생들은 물론이고 교사도 숙지해둬야 합니다. 평소에 아이들에게 미리 지도해두면 우왕좌왕하지 않고, 빠르게 대처할 수 있습니다.

먼저 침착하게 상황을 파악합니다. 가장 먼저 해야 할 것은 교실이 더 어수선해지는 것을 예방하는 것입니다. 교사는 누구보다 침착함을 유지해야 합니다. 교사가 당황하면 아이들은 더 말할 것 없이 불안해합니다. 이땐 깊게 숨을 한 번 들이쉬고, 어떻게 된 일인지 상황을 최대한 정확하고 빠르게 파악합니다.

"민아야, 많이 놀랐지? 선생님이 여기 있어. 괜찮아."

이렇게 부드럽지만 단호하고 분명한 목소리로 말합니다. 아이에게 다가가서 어디를 다쳤는지 확인합니다. 의식이 있는지, 피는 얼마나 나는지, 움직일 수 있는지, 붓거나 부풀어 오른 부분은 없는지 등을 먼저 확인합니다. 다친 부위를 확인했으면 즉시 응급 처치를 합니다. 교실에 비치된 구급상자를 꺼냅니다. 구급상자가 없는 교실도 가끔 있는데, 교사 개인용으로라도 비치해두는 게 좋습니다. 피가 나면 깨끗한 거즈나 수건으로 상처 부위를 눌러 지혈합니다.

"민아야, 잠깐만 참아. 선생님이 지금 누르고 있어."

다른 학생들에게는 "나머지 학생들은 자기 자리로 가서 앉아 있어요. 민아는 선생님이 돌봐줄게요"라고 말합니다. 아이들이 둘러싸고 있으면 응급 처치를 제대로 하기 어렵고, 웅성거려서 집중하기도 어렵습니다. 학생이 움직이기 어려워한다면 한두 명의 차분한 아이에게 "보건 선생님 불러와줄래?" 하고 도움을 요청합니다.

상처가 깊거나, 피가 계속 나거나, 의식이 없거나, 뼈나 이가 부러진 것 같으면 즉시 보건실로 데려가거나 119에 연락해야 합니다. 조금이라도 늦어지면 골든 타임을 놓치는 일이 생기기도 합니다. 만약 담임 교사가 혼자 판단하기 어렵다면 보건 교사에게 연락합니다. 학교장(감)에게도 반드시 사안을 구두로라도 보고하고, 어떻게 대응하고 있는지도 설명해야 합니다.

학부모에게도 즉시 연락합니다. "민아 어머니, 민아 담임 교사입니다. 민아가 쉬는 시간에 넘어져서 이마를 다쳤습니다. 교실에서 바로 응급 처치를 했고, 지금은 보건실에 있습니다. 학교로 바로 와주실 수 있으신가요?"처럼 당황하지 않고 차분하게 상황을 설명합니다. 학부모가 연락이 늦으면 담임 교사가 직접 병원에 가야 하는 상황이 생길 수도 있습니다.

부상 유형별 대응 방법

✦

찰과상이나 베인 상처는 상처가 가볍다면 교실에서도 응급 처치를 할 수 있습니다. 먼저 상처 부위를 물로 씻어냅니다. 소독약을 바르고 밴드나 거즈로 감싸줍니다. "조금 따가울 수 있는데, 금방 끝날 거야" 하고 아이를 안심시키면서 처치합니다. 만약 교사가 확인했을 때 상처가 깊거나 피가 계속 나면 보건실로 데려갑니다. 깨끗한 거즈로 상처를 누르면서 이동합니다.

타박상이나 멍이 들었을 때는 차가운 얼음 팩을 대서 냉찜질을 하는 게 좋습니다. 보냉 팩이나 얼음주머니를 수건으로 감싸서 다친 부위에 대줍니다. 피부에 직접 얼음을 대면 동상 위험이 있으니 반드시 수건으로 감싸서 사용합니다.

"시원한 거 대주면 덜 아플 거야. 10분만 이렇게 있자."

아이가 불편해하지 않는 범위에서 찜질을 해줍니다.

초등학생들은 코피도 자주 나지요. 코피가 났을 때는 고개를 뒤로 젖히지 말고, 손가락으로 코를 꽉 눌러주는 처치가 필요합니다. 손가락으로 피가 나는 쪽을 5~10분 정도 세게 누르면 대부분 피가 멎습니다. 10분이 지나도 피가 멈추지 않으면 보건실에 가서 다시 처치하고, 상황에 따라 병원에 가야 합니다.

골절인 경우도 더러 있습니다. 팔이나 다리를 다쳤는데 아이가 움직이지 못하거나, 팔다리의 모양이 이상하거나, 심하게 아파하면 골절을 의심해야 합니다. 전에 교실 복도에서 놀다가 팔뼈가 부러진 학생이 있었는데, 뼈가 ㄱ자로 꺾여서 곧바로 병원에 갔습니다. 골절이 의심될 때는 움직이면 안 됩니다. 자칫 통증이 더 심해질 수 있고, 심한 경우 부러진 뼈가 다른 곳을 찌르거나 뚫고 나오기도 합니다. "움직이면 안 돼"라고 아이에게 주의를 준 뒤, 보건 교사 등의 도움을 받아 병원에 바로 가야 합니다. 무리하게 일으켜 세우거나 다친 부위를 만지면 더 악화될 수 있습니다.

머리를 세게 부딪혔을 때는 특히 주의해야 합니다. 겉으로는 괜찮아 보여도 뇌진탕 같은 손상이 얼마든지 있을 수 있습니다. 학생이 평소처럼 명료하게 의식이 있는지, 구토를 하진 않는지, 눈동자가 정상인지 등을 먼저 확인해야 합니다. 조금이라도 이상하면 즉시 보건 교사에게 알리고, 119에 연락한 다음 학부모에게 연락합니다. 아이가 "괜찮은 것 같아요"라고 해도, 가볍게 넘기지 않습니다. 머리 부상은 항상 심각하게 대응해야 합니다.

사고 후에는 아이가 심리적으로 안정되어야 합니다. 응급 처치가 끝나고 아이가 진정되면 "많이 놀랐지? 이제 괜찮아"라고 안심시킵니다. 다친 것도 무섭지만 피가 나고, 아프고, 주변 사람들이 놀라는 것을 본 경험 자체가 아이에게는 충격입니다. "선생님이 옆에 있을 테니까 천천히 쉬어"라고 말하고 아이가 안정될 때까지 함께 있어줍니다.

물론 이런 과정에서 다른 아이들도 많이 놀랐을 겁니다. 교실로 돌아가서 "민아는 괜찮아. 보건실에서 치료받고 있어. 너희도 많이 놀랐지?"라고 말해서 아이들을 안정시킵니다. 아이들의 불안한 마음을 읽어주는 것이지요. 이때 "앞으로 교실에서 뛰지 않기로 약속해요. 다칠 수 있으니까요"처럼 자연스럽게 안전 교육으로 연결하면 좋습니다. '민아가 뛰어다녀서 다쳤다'보다 '복도에서 뛰면 다칠 수 있다'로 말해야겠지요.

사고 예방을 위해 교사가 해야 할 일

이런 사고가 발생하면 교사는 반드시 기록을 남겨야 합니다. 언제, 어디서, 무슨 일이, 어떻게 일어났는지, 어떻게 대응했는

지, 구두 보고 내용까지 자세하게 적습니다. 이것은 나중에 문제가 생겼을 때 교사를 보호하는 자료가 됩니다. 학교안전공제회에 사안을 신고하고 지원을 받는 경우도 많습니다. 병원 치료가 필요한 경우, 치료비 지원을 받을 수 있으니 보건 교사나 행정실 등 담당자와 반드시 상의합니다.

학부모에게 말할 때는 정확하게 상황을 설명합니다.

"오늘 2교시 쉬는 시간에 민아가 교실에서 친구와 놀다가 넘어졌는데, 바닥에 이마를 찧었습니다. 즉시 응급 처치를 했고, 보건실에서 확인한 결과 깊은 상처는 아니었습니다. 혹시 모르니 저녁에 증상을 잘 살펴봐주세요."

있는 그대로 전달합니다. 학부모가 나중에 알게 되면 더 큰 문제가 됩니다. 특히 저학년 학부모들은 안전사고에 대한 걱정이 상대적으로 더 많습니다. 자세하고 즉각적인 안내가 꼭 필요합니다.

사고가 나면 대응하는 것도 중요하지만, 사고를 예방하는 것이 더 중요합니다. 저는 모서리가 날카롭거나 뾰족한 부분이 없는지 거의 매일 확인하고, 발에 걸려서 넘어질 물건이 없도록 깨끗하게 정리정돈하는 걸 일상으로 삼았습니다.

'교실에서는 뛰지 않기' '계단에서 밀지 않기' '난간에서 놀지 않기' 같은 규칙들을 학년 초부터 함께 만들고 지키게 합니다. 규칙을 어기는 아이를 보면 즉시 제지합니다. "복도에서는 뛰면 안 돼. 우리 함께 지키기로 약속했지?"처럼 부드럽지만 단호하게 지도합니다. 남학생들은 위험한 장난을 치면서 노는 걸 좋아하는 경우가 많은데, 이 역시 사전에 주의를 줘야 합니다. 구체적인 예를 들어가면서 설명하고, 목 조르기, 목젖 치기, 헤드락 걸기 같은 위험한 장난을 하면 학부모를 소환해서라도 지도하는 게 좋습니다.

체육 시간은 특히 사고가 많이 일어납니다. 활동 전에 반드시 준비 운동을 합니다. 위험한 동작은 천천히 시범을 보이고, 무리하지 않게 합니다. "하기 싫으면 안 해도 돼. 억지로 하다가 다치면 안 되니까"라고 말해주세요.

교사는 평소에 구급상자를 비치해두고, 밴드, 소독약, 거즈, 탄력 붕대, 핀셋, 가위, 보냉 팩 등을 챙겨둡니다. 연고도 유통기한이 지난 것은 없는지 정기적으로 확인합니다. CPR, 하임리히법, 기본 응급 처치 방법을 알아두면 위급한 순간에 생명을 구할 수 있습니다. 학교에서 하는 응급 처치 교육도 꼭 참석해야겠지요. 학부모와는 비상시 바로 연락할 수 있어야 합니다. 보건실, 행정실, 119 등 중요한 번호도 눈에 잘 보이는 곳에 붙여둡니다.

학교마다 사고가 발생했을 때 보고 체계가 다른 경우가 있습니다. 사고가 있으면 누구에게 먼저 보고해야 하는지, 어떤 서류를 작성해야 하는지도 평소에 미리 알아둡니다. 사고가 나서 당황한 상태에서 찾아보면 늦습니다.

저는 6년 차 때 겪었던 학생들 사이의 안전사고가 교사로서의 삶을 180도 바꿔놓았습니다. 그 이후로, 저희 반 학생들은 복도나 교실에서 뛰어다니는 일이 없었습니다. 칠판에 그림을 그려가면서 특정 행동이 어떤 결과로 이어지는지를 매우 강조해서 지도했기 때문입니다.

지금은 후배 교사들에게 안전에서만큼은 호들갑을 떠는 쪽이 결과적으로 훨씬 낫다고 조언하곤 합니다. 저처럼 사고가 터진 다음 수습하는 과정에서 교사가 엄청난 상처를 받는 경우도 더러 있기 때문입니다. 모든 사고를 막을 수야 없겠지만, 그럼에도 최선을 다해 지도하면 한결 안전한 교실이 됩니다.

학교안전공제회의 보상 대상

✦

정말 다행스럽게도 학교에는 학교안전공제회가 있습니다. 학교안전공제회는 학교에서 일어나는 안전사고에 대한 일종의 보험으로, 사고를 입은 당사자에게 경제적 보상을 해주는 제도입니다. 학교마다 담당자가 다를 수는 있는데, 저희 학교에서는 행정실에서 안전공제회 업무를 처리하고 있습니다. 보통 담임 교사가 교감에게 구두로 보고하면 학교장까지 내부 결재 후 신청이 이루어집니다.

학교안전공제회는 앞서 설명한 교육 활동 중 일어난 사고에 대해 보상을 해주는 보험 제도입니다. 보험료를 학교에서 지급하고, 학생이 사고가 났을 경우 보상을 받는 식이라고 생각하면 됩니다. 이때 가장 중요한 것은 반드시 학교장이 정한 교육 계획 및 교육 방침에 따라서, 학교 내·외부에서 학교장의 관리, 감독 하에 발생한 사고여야 한다는 것입니다. 따라서 그 외의 활동에 대해서는 보상이 어려울 수 있다는 것을 기억해야겠지요.

기존에는 초중고 재학생만 대상이었으나, 가입 범위가 유치원과 평생 교육 기관까지 확대 시행되면서 보상 대상 또한 초중고 학생과 교직원 등으로 확대되었습니다. 즉, 교직원 역시 안전공제회의 도움을 받을 수 있다는 뜻입니다.

간혹 학교에서 교사가 학생들의 휴대 전화를 일괄적으로 수거해서 보관하고 있다가 실수로 파손하는 경우가 있습니다. 이런 경우, 학생 생활 규정에 근거해서 휴대 전화를 보관했다는 것을 증빙할 수 있다면 마찬가지로 보상받을 수 있습니다. 원칙적으로 학생 생활 규정에 근거해야만 받을 수 있는 보상이므로, 만약 이런 내용이 규정에 없다면 보상받기는 어렵습니다.

학교안전공제회의 보상 내용

✦

학교 구성원이 등하교, 수업 시간, 특별 활동 중 입은 안전사고의 경우 해당 학교가 가입한 지역 학교안전공제회를 통해 치료비를 보상받습니다. 이때의 교육 활동에는 정규 및 방과 후 수업, 창의적 체험 활동 등 학교 안팎에서 학교장의 관리, 감독 아래 이뤄지는 모든 활동이 포함됩니다.

학교에서 안전사고가 발생하면 발생 즉시 통지하고 치료비에 대해 공제 급여를 청구해야 하는데, 지금은 '학교안전사고 보상지원시스템'에 사고 통지서를 입력하게 되어 있습니다. 사고 통지서에는 사고 당사자 학생의 성명, 생년월일, 성별, 학년과 반, 지도 교사 및 작성자, 사고 시간, 사고 장소, 사고 형태, 사고 매개물, 사고 부위, 사고 당시 의도성, 사고 경위, 사고 발생 후 긴급 조치 내용 등을 작성해야 합니다.

학교 또는 학부모는 일단 학생을 치료한 다음, 사고 이후라도 3년 이내에 공제 급여 청구서, 청구인 통장 사본, 의료비 영수증 원(사)본, 진단서 원(사)본, 주민 등록 등본 등을 제출하면 청구할 수 있습니다. 실제로 저희 학교에서는 졸업생이 6학년 때 발생했던 사고에 대해 중학교에 입학한 다음에도 치료비를 청구해서 보상받은 적이 있습니다.

학교안전공제회에서는 공제 급여의 지급 여부를 결정하기

위해 사고 경위를 조사합니다. 조사가 끝나면 공제 급여를 청구받은 날부터 14일 이내에 공제 급여의 지급 여부가 결정됩니다. 급여액 결정 후 청구자에게 공제 급여를 지급하는데, 만약 액수가 적다거나 치료 불가 등의 처분 등에 불복할 경우 학교안전공제보상 심사위원회에 심사 청구를 할 수 있습니다.

학교에서 벌어지는 안전사고에 대해서는 이렇게 학교안전공제회를 통해 보상을 받을 수 있으므로, 교사는 당황하지 말고 차분하고 신속하게 대처하면 됩니다.

학교 안전사고 처리 절차

① 학교 안전사고 발생

② 학교안전공제회에 사고 발생 통지

③ 공제 급여 청구

④ 공제 급여 심사

⑤ 지급 결정

⑥ 결정 금액 송금

⑦ 불복 시 심사 청구

안전사고는 어떤 교사든 한 번만 겪어보면 저절로 알게 됩니다. 얼마나 힘들고 무서운 일인지요. 저는 6년 차때의 안전사고 이후 교실에서 단 한 건의 사고도 없었습니다. 하지만 그

사고 한 번으로 정말 많은 상처를 받고 눈물을 흘렸답니다.

안전사고는 아무리 조심해도 일어날 수 있습니다. 완벽하게 예방할 수는 없습니다. 무엇보다 사고가 났을 때 자책하지 않아야 합니다. '내가 더 잘 봤어야 했는데' '내 잘못이야'라고 생각하기 쉽지만, 교사가 모든 것을 통제할 수는 없습니다. 저도 그 시절 그랬고요.

최선을 다해 예방했고, 사고가 났을 때 적절히 대응했다면 그것으로 충분합니다. 이것이 바로 부드러우면서도 단호한 학급 경영입니다. 부드럽게 아이를 돌보고, 단호하게 안전을 지키는 것. 부드럽게 아이를 위로하고, 단호하게 위험한 행동은 제지하는 것. 이 균형이 안전한 교실을 만듭니다.

학교 폭력 의심 사안 처리하기

담임 교사 입장에서 가장 불편한 상황이 무엇일까요? 저에게 묻는다면 단연 '학폭 사안 처리'라고 답할 것 같습니다. 실제로 최근까지도 교사들이 가장 많이 조언을 구하는 부분이기도 하고, 저도 담임을 하는 내내 그랬기 때문입니다.

학폭 사안에서 가장 애매하고 헷갈리는 부분이라면 '이게 장난인가, 폭력인가' 하는 부분일 겁니다. 중요한 것은 담임 교사가 학생들 사이의 사안에 휘말려서 소진돼버리는 일이 생각 외로 많다는 점입니다. 피해 추정 학생이나 가해 추정 학생 모두 명백한 잘못이 아니고서는 애매하게 답하는 경우가 많고, 누가 먼저 잘못했는지 따지다 보면 몇 년 전 일까지 거슬러 올라

가는 경우도 많습니다. 이런 순간에도 교사는 현명하고 부드럽게, 하지만 단호할 때는 단호하게 대응하는 게 좋습니다.

주의 깊게 듣는 것이 먼저다

✦

가장 먼저 해야 할 것은 언제나 아이의 말을 경청하는 것입니다. 자신이 겪고 있는 문제에 대해 교사에게 용기를 내서 말해준 아이가 있다면 "이야기해줘서 고마워. 선생님한테 말하는 게 쉽지 않았을 텐데, 용기 냈구나" 하면서 먼저 아이를 안심시켜야 합니다. 아이들은 대체로 문제를 겪어도 말하지 못할 때가 많습니다. 어떤 의미에서는 교사에게 사실을 말하는 것 자체가 큰 용기이고, 동시에 사안을 해결하는 시작점입니다.

아이가 학폭 피해 사실에 대해 이야기를 꺼낸다면, "지금 바로 이야기 들을 수 있어. 선생님이랑 조용히 이야기해볼까?"라고 말한 뒤 다른 아이들이 보고 듣지 않는 조용한 공간으로 이동해 아이가 편하게 이야기할 수 있는 환경을 만듭니다.

"어떻게 된 일인지 이야기해볼까?"와 같이 묻고, 아이의 말을 주의 깊게 들어줍니다. 이때 중간에 끊지 않습니다. 다만, 육하원칙으로 꼼꼼히 정리하면서 듣는 게 중요합니다. 누가, 언제, 어디서, 무엇을, 어떻게, 왜 벌어진 일인지 교사가 잘 알고 있는 것과 그렇지 않은 것은 나중에 학부모와 이야기 나눌 때도 굉장히 큰 차이를 보입니다. 학부모와 대화할 때는 무조건이 기록을 바탕으로 해야 합니다.

이때 혹시라도 '근데 이건 이렇게 생각할 수도 있지 않을까? 너도 전에 그랬잖아'처럼 생각이 들더라도 그런 말을 상대 학생의 입장에서 대신 해줄 필요는 없습니다. 교사가 특정 학생을 편든다거나 중립을 지키지 않았다는 말을 들을 수도 있습니다. 하고 싶은 말을 편하게 다 하도록 두는 게 좋습니다.

〈학교폭력예방및대책에관한법〉에 따르면 학교 폭력은 "학교 내외에서 학생을 대상으로 발생한 상해, 폭행, 감금, 협박, 약취·유인, 명예훼손·모욕, 공갈, 강요·강제적인 심부름 및 성폭력, 따돌림, 사이버 폭력 등에 의하여 신체·정신 또는 재산상의 피해를 수반하는 행위"입니다. 굉장히 포괄적이고 복잡하지요? 어려운 법률 용어이지만 핵심은 간단합니다. 한 아이가 다른 아이에게 지속적이고 의도적으로 피해를 주는 행위 그리고 그로 인해 피해 추정 학생이 고통을 받는 상황. 이것이 학교 폭력입니다.

"장난이었어요" "서로 친해서 그런 거예요"라는 말로 그냥 넘겨서는 안 됩니다. 피해 추정 학생이 괴로워한다면, 그것은 장난이 아닙니다. 교사의 판단 기준은 가해 추정 학생의 의도가 아니라 피해 추정 학생의 고통입니다.

진지하게 받아들이는 태도가 중요합니다. 그동안의 경험을 비추어보면 학생이나 학부모가 학교 폭력 문제를 이야기해왔을 때, 학교에서 사안을 진지하게 고민하고 있다는 쪽으로 이야기하는 것이 사안 처리에 여러모로 효과적이었습니다.

"그 정도는 괜찮아요" "애들이 다 그렇죠" 같은 반응은 마음으로 삼키고, 담임 교사는 최대한 객관적이고 중립적인 태도로 이런 일이 일어나서 안타깝게 생각한다는 표현을 짧고 간결하게 답하는 게 좋습니다. "수민이가 힘들었다고 이야기해줘서 다행이라고 생각했습니다. 학교에서 이 문제를 진지하게 살펴보겠습니다"라고 말하는 것이 기본적인 신뢰를 만듭니다.

특히 사안을 인지한 즉시 교사가 조치해야 할 부분도 있습니다. 교사가 가장 먼저 할 일은 피해 추정 학생을 보호하는 것입니다. "은지야, 선생님이 알게 됐으니까 이제 괜찮을 거야"라고 아이를 일단 안심시킵니다. 학교 폭력 사안이 접수되면 학생들을 분리 조치해야 할 수도 있습니다. 피해 추정 학생과 가해 추정 학생 모두 마음을 다독이는 것이 필요하며, 나머지 학생들의 마음을 안정시키는 것도 필요합니다. 앞으로의 사안 처리는 절차상 학교 폭력 업무 담당 교사의 안내에 따라 추진되지만, 학생들의 마음을 살피는 것은 담임 교사의 역할이기 때문입니다.

사실을 자세하게 확인하기 위해서는 피해 추정 학생에게 들은 내용을 기록하는 것이 좋습니다. 언제, 어디서, 무슨 일이,

어떻게 일어났는지, 다음과 같이 구체적으로 적어야 합니다.

"지난주 화요일 급식실에서 민수가 은지의 식판을 쳤다. 은지의 급식이 바닥에 떨어졌다. 주변에서 목격한 학생은 지훈 외 2명(실명 명시)이었다."

당사자인 가해 추정 학생의 이야기도 듣습니다. 두 학생 따로따로 만나서 각자의 이야기를 듣습니다. "민수야, 선생님이 은지한테 들은 이야기가 있는데, 너는 어떻게 생각하니?"처럼 묻습니다. 민수가 "장난이었어요" "저는 그럴 생각이 아니었어요"라고 말할 수 있습니다. 그래도 교사는 명확하게 말합니다.

"네가 장난이라고 생각했어도, 은지는 많이 힘들어했어. 그건 장난이 아니야."

학교 폭력으로 판단되면 즉시 관리자인 교장과 교감에게 사실을 알립니다. 학교마다 학교 폭력 업무 담당 교사가 있습니다. 그 선생님께 상황을 설명하고 도움을 요청합니다. 혼자 해결하려고 하지 않습니다. 담임 교사는 이후 어떤 식으로 사안이 진행되는지 예의 주시하고 있는 게 좋습니다.

학교 폭력 사안 시 학부모 대화법

✦

학교 폭력 상황에서 학부모와 대화하는 것은 교사에게 가장 어려운 순간 중 하나입니다. 특히 정식 학교 폭력 사안까지는 아니지만 학부모가 불편함을 호소하는 경우, 어떻게 말하느냐에 따라 문제가 원만하게 해결되기도 하고 새로운 갈등이 생기기도 합니다. 그래서 각별한 주의가 필요합니다.

학부모와 통화하거나 면담하기 전에 다음을 확인합니다.

· 누군가 직접 목격한 사실인가?

· 구체적인 날짜, 시간, 장소를 말할 수 있는가?

· 다른 목격자나 증거가 있는가?

· 판단이나 추측이 섞여 있지는 않은가?

· 학생의 감정을 교사가 임의적으로 판단하거나 해석한 부분은 없는가?

이러한 객관적 사실만 간추려 메모한 뒤 대화를 시작합니다. 정해진 말 이외에는 굳이 안 해도 괜찮습니다. 꼭 해야 할 말만 추려서 합니다. 만약 학생이 아닌 학부모가 학폭 관련 사안으로 연락을 해왔다면, 이때도 마찬가지로 주의 깊게 듣는 것이 먼저입니다. 어떤 말을 하려는지 정확하게 파악해야 그에 맞는 대응도 할 수 있습니다.

교사가 학생 사안을 학부모에게 전할 때든, 반대로 학부모가 사안을 전할 때든 일단은 학부모의 이야기를 경청하고, 그 다음에는 짧은 공감이나 존중을 표현해줍니다. "많이 놀라셨겠네요" "저도 이런 일이 있어서 마음이 안타깝네요" 정도면 충분합니다. 간결하게 공감합니다. 이 단계에서 중요한 것은 학부모의 당황하고 놀란 감정을 인정하고 존중하되, 교사 자신의 판단이나 해석은 덧붙이지 않는 것입니다. 특히 지나치게 긴 공감은 오히려 나중에 객관적 사실을 전달하기 어렵게 만듭니다.

다음으로는 교사가 알고 있던 객관적 사실만 전달합니다.

"은지 어머님, 오늘 은지가 학교에서 있었던 일을 저에게 이야기해주었습니다."

앞에서 확인했던 구체적인 관찰 기록으로만 이야기합니다.

"지난주 월요일 3교시 쉬는 시간, 수요일 점심시간, 금요일 청소 시간에 민수가 은지의 물건을 숨기는 것을 제가 직접 보았습니다."

이때는 '평소에, 자주, 가끔' 같은 막연한 표현 대신, 날짜, 시간, 장소가 명확한 구체적 사실을 전달합니다. 특별히 주의할 점은 학생의 감정을 교사가 해석해서 전달하지 않는 것입니다. "은지가 많이 속상해했어요"가 아니라 "은지가 '속상하다'고 말했습니다"라고 전달해야 한다는 뜻입니다. "화가 많이 난 표정이었어요"보다는 "얼굴이 붉어지고 주먹을 쥐고 있었습니다"처럼 관찰 가능한 행동으로 표현합니다.

공감 표현 후에는 부드럽지만 명확하게 선을 그어야 할 때도 있습니다. 잘못된 사실을 이야기하거나 현실적으로 수용이 어려운 요청에 대해서는 "그 부분은 어렵습니다"라고 이야기해야 합니다. 간혹 학부모가 "민수를 당장 전학 보내주세요"와 같은 무리한 요청을 하기도 합니다. 이럴 때에는 "그 부분은 지금 학교에서 결정할 수 있는 사항이 아닙니다. 하지만 은지가 안전하게 학교생활을 할 수 있도록 즉시 조치를 취하겠습니다"라고 부드럽게 선을 긋습니다.

객관적 사실을 전달한 후에는 교육적으로 어떤 방향으로 지도할 것인지에 대해 학부모와 이야기 나눕니다. 일방적 통보보다는 학부모의 의견을 구하고 함께 이야기 나눕니다.

"학급에서는 이런 상황에서 아이들이 서로를 존중하며 함께 어울리는 법을 배우도록 도와주려고 합니다. 어머님께서는 어떻게 생각하시는지 궁금합니다."

이렇게 학부모를 교육의 동반자로 인정하는 태도가 중요합니다.

'우리 아이만 나쁜 아이 취급한다' 같은 불필요한 오해를 피하려면 아이의 성장과 배움에 초점을 맞춰서 이야기하는 것이 좋습니다. 구체적이고 실행 가능한 해결 방법을 제안하세요. 학부모에게 제안의 형태로 말하는 겁니다. "민수와 따로 이야기 나눠서 친구를 배려하는 방법에 대해 생각해보는 시간을 가지려고 합니다. 다음 주 학급 시간에 친구 관계에 대한 활동도 해보려고 합니다"처럼요.

구체적인 날짜나 방법을 제시하면 학부모는 교사가 관심을 갖고 아이를 열심히 지도하고 있다는 사실을 느낄 수 있습니다. "반드시 이렇게 하겠습니다" 같은 확정적인 표현보다는 "이렇게 해보려고 합니다"처럼 유연한 표현을 쓰는 것이 좋습니다.

가해 추정 학생 학부모와도 대화해야 합니다. 이번에도 마찬가지로 앞의 5단계 원칙을 적용합니다. 짧게 공감하고, 객관적 사실만 전달하고, 필요하면 선을 긋고, 교육적 방향을 함께 나누고, 구체적 해결책을 제안합니다. 이때 "학폭 사안이 접수되면 담임이 아닌 학폭 업무 담당 교사가 지침에 따라 처리하고 있습니다"라고 정확히 이야기합니다.

또한 "아이들은 이런저런 일을 겪으면서 성장합니다. 이 일은 앞으로 민수에게도 배우고 성장할 기회가 될 거예요"처럼 사안에 처벌이 아니라 교육의 관점으로 접근합니다. 가해 추정 학생도 도움이 필요한 아이입니다.

두 학생 모두 관심이 필요하다

✦

학폭위(학교폭력대책심의위원회)가 개최된 다음 처분까지는 시간이 한참 걸립니다. 사안 처리가 끝났다고 해서 모든 절차가 끝난 것이 아닙니다. 오히려 이제부터가 더 중요합니다. 피해 추정 학생은 계속 관심을 갖고 지켜봐야 합니다. "은지야, 요즘 학교생활 괜찮아?"와 같이 자주 물어보고 다시 위축되지 않도록, 친구들과 잘 지내는지 관찰합니다. "힘든 일 있으면 언제든 선생님한테 말해. 선생님이 도와줄게"처럼 자주 말해주는 것이 좋습니다.

또한 피해 추정 학생이 2차 피해를 받지 않도록 주의합니다. "은지가 일러바쳤대" "은지 때문에 민수가 혼났대"라는 소문이 돌 수 있습니다. 이런 말을 하는 아이를 발견하면 즉시 제지합니다.

가해 추정 학생도 돌봐야 합니다. 해당 학생에게도 관심을 주고, 나쁜 아이로 낙인찍히지 않도록 주의를 기울여야겠지요. "민수야, 네가 한 행동은 잘못됐어. 하지만 선생님은 네가 배우고 달라질 수 있다고 믿어"라고 말해주는 게 좋습니다. 아이가 왜 그런 행동을 했는지 알아보는 것도 중요합니다. 집에 문제가 있거나, 친구 관계에 어려움이 있거나, 자기 자신도 힘든 일을 겪고 있을 수 있습니다. "민수야, 요즘 힘든 일 있니? 선생님한테 이야기해봐"라고 물으며 아이의 이야기를 자주 듣고 마음을 써주는 게 좋습니다.

사실 이런 사안은 다른 아이들도 함께 영향을 받습니다. 학급 전체가 불안정해질 수 있습니다. 이럴 때 교사는 안정적인 분위기를 만들어야 합니다.

"우리 반은 모두가 안전한 곳이에요. 친구를 괴롭히는 건 절대 안 돼요. 힘든 일이 있으면 선생님한테 말하세요"처럼 명확한 메시지를 전달해야 합니다. 학급 회의를 열어 '서로 존중하기' '친절하게 대하기' 같은 주제로 이야기를 나눕니다. 아이들 스스로 좋은 교실 문화를 만들어가도록 돕습니다.

예방이 최선의 교육이다

✦

학교 폭력은 결국 예방이 훨씬 중요합니다. 아이들 곁에는 늘 갈등이 있고, 언제든 사안이 터질 수 있다는 점을 염두에 두어야 합니다. 1학기부터 학년 말까지 꾸준히 관계 교육을 하는 것으로 학교 폭력을 예방할 수 있습니다. "친구의 기분을 생각해봐" "싫다고 말하면 멈춰야 해" "장난과 괴롭힘의 차이는 뭘까?"와 같은 주제로 자주 이야기합니다. 역할극이나 사례 토론을 통해 아이들이 직접 생각해보게 하는 것도 좋고요. "만약 내가 이런 상황에 있다면 어떨까?" "내가 피해자라면?" "내가 가해자라면?" "내가 방관자라면?"과 같은 주제로 이야기해볼 수 있겠지요.

또한 매일 아이들을 관찰합니다. 누가 혼자 있는지, 누가 자주 싸우는지, 어떤 아이가 위축되어 있는지. 작은 신호를 놓치지 않습니다. 쉬는 시간에 교실에 함께 있으면서 아이들의 관계를 봅니다. '아, 민수와 은지가 요즘 사이가 안 좋네'라는 사실을 일찍 알아차리면 문제가 커지기 전에 개입할 수 있습니다.

도움을 요청하는 문화를 만들어두는 것도 도움이 됩니다.

"힘들면 말하는 게 당연한 거야. 선생님한테 말하는 건 고자질이 아니야. 도움을 청하는 거야."

이런 메시지를 자주 전달합니다. 물론 아이들이 편하게 다가올 수 있는 교사가 되는 것이 무엇보다 중요하겠지요.

학기 초에 학부모에게도 안내합니다.

"우리 반은 학교 폭력 없는 안전한 교실을 만들고자 합니다. 혹시 가정에서 아이가 힘들어하는 모습이 보이면 언제든 연락 주세요."

작은 일도 학부모와 공유합니다.

"오늘 은지가 조금 기운이 없어 보였어요. 집에서도 한번 이야기 나눠주세요."

학교와 가정이 함께 아이를 돌본다는 전제하에 노력하는 게 좋습니다.

학교 폭력 문제는 교사에게 큰 부담입니다. 처리 절차도 복잡하고, 학부모 대응도 어렵습니다. 하지만 담임 교사가 모든 것을 혼자 감당해야 하는 것은 아닙니다. 담임 교사의 역할은 학교 폭력 관련 사안을 학교 폭력 업무 담당 교사에게 알리고, 담당 교사의 업무 처리에 따르는 것입니다. 학폭위 준비, 공문 작성, 처리 절차 등은 담당 교사와 관리자의 몫입니다. 담임 교사는 사실 확인과 학생 지도에 집중하면 됩니다.

교사가 그 자리에 있다는 것, 그것만으로도 아이들에게는 큰 힘이 됩니다.

"선생님이 도와줄게"라는 말 한마디가 아이의 인생을 바꿀 수 있습니다. 학교 폭력은 단순히 아이들끼리의 다툼이 아닙니다. 피해 아이에게는 평생의 상처가 될 수 있습니다. 가해 아이에게도 잘못된 관계 방식을 배우는 기회가 될 수 있습니다. 교사가 적극적으로 개입하고 올바른 방향을 제시하는 것. 그것이 교육입니다.

이것이 바로 부드러우면서도 단호한 학급 경영입니다. 부드럽게 피해 추정 학생의 마음을 안아주고, 단호하게 폭력은 용납하지 않는 것. 부드럽게 가해 추정 학생의 성장을 돕고, 단호하게 잘못된 행동의 책임을 묻는 것. 이 균형이 안전한 교실을 만듭니다.

"선생님은 너희들 모두를 소중하게 생각해. 그래서 누구도 괴롭힘당하는 걸 볼 수 없어. 우리 반은 모두가 안전한 곳이야."

이 말을 듣고 자란 아이들은 서로를 존중하는 사람으로 자랄 것입니다. 그리고 이것이 바로 우리가 아이들에게 가르쳐야 할 가장 중요한 것입니다.

까다로운 학부모와 현명하게 대화하기

"선생님, 지금 통화 가능하신가요?"

학부모에게 이런 문자를 받았다고 가정해볼게요. 어떤 생각이 들까요? '뭔가 좋은 일로 연락했나 보다.' 이런 생각이 들까요? 아니면 '왜지? 무슨 일 생겼나?' 이런 마음이 들까요? 아마 백이면 백, 후자로 생각할 겁니다. 저도 그럴 거고요.

지금의 교사와 학부모의 관계는 상당히 불편하고 껄끄럽습니다. 아무리 긍정적으로 보려고 해도, 사실 불편하고 어려운 관계인 것만은 사실입니다. 학부모가 불만을 어떤 식으로 이야기할지 모른다는 생각에 우선 방어적인 마음을 갖는 교사가 대부분이고요.

중요한 것은 어떤 상황에서든 차분하고 부드럽게, 하지만 단호하게 대응해나가는 것입니다. 떨리더라도 위축되거나 소심해지지 말고 차분히 기록해 객관적인 데이터, 진술, 증거 등에 기반하여 담담하게 이야기를 나누는 자세를 지켜나가야 합니다.

객관적인 사실에 근거해 말하기

✦

학부모에게 전화가 왔을 때, 하지 말아야 할 반응이 있습니다. 사실을 확인하기도 전에, "그런 일 없었는데요"처럼 우선 부정하는 것입니다. 어떤 상황에서든 정확한 사실을 파악하는 것이 먼저입니다.

아이들 사이에 사안이 있었는데, 교사가 보지 못했을 수도 있습니다. 다수의 학생이 함께 생활하고 있는 만큼 교사가 교실에서의 일을 미처 다 못 보고 지나쳤을 수 있지요. 상황 확인이 끝나고, 정확한 사실 관계가 이해된 다음에 "제가 확인해본 결과, 그런 일은 없었습니다"라고 말해도 늦지 않습니다. 이때는 "제가 정확하게 상황을 확인해보고 다시 말씀 나누시지요"라고 한 다음, 상황을 정확하고 신속하게 확인하세요.

"지훈이랑 수민이가 항상 그런 식이에요"라거나, "요즘 애들이 다 그렇죠"처럼 사안을 가볍게 여기면 안 됩니다. 학교 폭력 사안일 경우, 교사의 이런 태도가 자칫 다른 오해를 불러일으킬 수도 있습니다. 최대한 객관적이고 중립적인 태도를 유지하는 게 좋습니다.

이럴 때는 "말씀해주셔서 감사합니다. 지훈이가 그런 부분을 오래 고민했다고 하니, 제 마음도 많이 안타깝네요"처럼 짧고 간결하게 공감 표현을 합니다. 학부모의 감정을 인정하고 존중하는 표현이기 때문에 길고 장황하지 않아도 괜찮습니다.

혹시라도 사안에서 잘 이해되지 않거나 밝혀지지 않은 부분, 인과 관계가 명확하지 않은 부분은 "제가 정확하게 파악하지 못한 부분이 있을 수도 있습니다. 내일 학교에서 좀 더 자세하게 확인해본 다음, 다시 이야기 나누면 좋겠습니다"처럼 대답합니다. 학부모의 질문에 즉시 답변을 하기 위해서 애쓰지 말고, 정확한 답변을 위해 시간을 만들어두는 것입니다. 서두르는 마음에 허술한 답변을 했다가 그 자체로 또 다른 오해가 만들어지기도 합니다.

사실을 확인할 때는 다각도에서 봐야 합니다. 교사 한 사람의 기억에만 의존하기보다는 주변 학생들, 전담 교사 등 다양한 사람의 진술과 이야기를 들어보는 게 좋습니다. 예를 들어 교실에서는 잘 지내던 아이들이 체육 전담 수업 시간에는 유난히 사이가 안 좋았을 수도 있습니다. 학교 밖에서 만나 친구들과 자전거를 탈 때는 교실에서 안 하던 욕을 할 수도 있고요.

무엇보다 아이들은 교사가 생각하는 것과 전혀 다른 모습이 많다는 점을 늘 염두에 두는 게 좋겠지요.

여러 측면에서 종합적으로 상황을 판단해서 인과 관계가 정확하게 이해되면, 그때 학부모와 이야기를 나눕니다. 이때도 객관적인 사실을 위주로 전달하고, 구체적인 날짜, 시간, 장소, 목격자(주변 학생, 전담 교사 등의 진술)를 포함해서 이야기 나눕니다. 또 "민형이가 일부러 그러는 애는 아니에요"처럼 짐작해서 말하기보다는 "민형이가 수민이한테 '일부러 그런 건 아니었다'고 말하더라고요"처럼 사실을 전달하는 게 좋습니다.

학부모의 무리한 요구에 대응하는 법

학부모와 이야기할 때 중요한 부분은 앞으로의 지도입니다. 교사가 앞으로 교실에서 학생을 어떤 식으로 지도하겠다는 내용을 명확하게 안내해야 학부모도 학교를 믿고 지도를 맡길 수 있습니다. 분명하고 단호한 태도로 학교를 믿고 맡기시라고 이야기하는 것도 좋겠지요. 실제로 저는 지금도 학부모와 이야기 나눌 때 "학교에서 최선을 다해 지도해보겠습니다. 학교를 믿고 맡기시지요"라고 말하곤 합니다.

만약 학부모가 무리한 요구를 한다면 어떻게 해야 할까요? 예를 들어 현장 체험 학습을 가는 버스에서 특정 학생과 앉혀

달라고 하거나 교실 자리 배치를 특정 방식으로 요구하는 식이라면요? 이럴 때는 학부모의 요구가 교육적으로 타당한지 고민해보세요. 담임 교사의 정당한 생활 지도와 교육 활동의 영역을 넘어서는 것이라면 부드럽게 선을 긋고, 적절한 대안을 제시합니다.

현장 체험 학습 때 특정 자리를 배정해달라는 요청

교사: 네, 현장 체험 학습 때 지훈이를 앞자리에 앉혀달라는 말씀이시지요?(학부모의 의도 정확하게 파악하기) 어머님 마음은 충분히 이해합니다.(공감 표현하기) 아이들에게도 충분히 설명했듯이, 버스 자리는 출석 번호나 추첨 등으로 공평하게 배정합니다. 다른 학부모님들도 같은 요구를 하실 수 있어서, 이 부분은 제가 들어드리기 어렵네요.(안 되는 부분에 대해 부드럽게 선 긋기) 하지만 말씀해주셨으니 아이가 불편함 없는지 관심 갖고 잘 지켜보겠습니다.(교육적인 지도 방법 제안하기)

특정 친구와 모둠을 분리해달라는 요청

교사: 어머니, 혹시 제가 모르는 무슨 일이 있었는지 궁금하네

요. 어떤 일이 있었는지 먼저 이야기해주실 수 있을까요?(상황 파악하기) 학급에서는 친구들과 여럿이 함께 어울려 지내는 법을 배워요. 한 친구와 일부러 떨어져서 지내게 한다면 오히려 관계 개선의 기회를 놓칠 수도 있습니다.(안 되는 부분에 대해 부드럽게 선 긋기) 모둠 활동을 하면서 두 아이의 관계를 주의 깊게 살펴보겠습니다. 그리고 혹시라도 문제가 생기면 제가 아이들과 함께 이야기 나눠볼게요.(교육적인 지도 방법 제안하기)

숙제를 줄여달라는 요청

교사: 학원 숙제가 많으니, 학교 숙제를 줄여달라는 말씀이시지요?(학부모의 의도 정확하게 파악하기) 숙제는 학급 전체에 동일하게 부여되는 것이고, 집에서 조금 더 공부해야 할 부분에 대해 나가는 겁니다. 한 학생에게만 특별하게 숙제를 줄일 경우, 공정성에 문제가 생길 수 있어요. 제가 생각한 보충 학습을 가정에서 경험하지 못하게 되기도 하고요.(안 되는 부분에 대해 부드럽게 선 긋기) 시간이 부족한 것이 문제라면 학교에서라도 과제를 최대한 해결하고 갈 수 있게 지수와 함께 방법을 생각해보겠습니다.(교육적인 지도 방법 제안하기)

학부모의 무리한 요구가 민원으로 발전하는 경우도 가끔 있습니다. 민원은 담임 교사가 해결할 수 있는 것이 있고, 할 수 없는 것이 있습니다. 학교 차원의 문제라면 학교 관리자인 교장, 교감에게 상황을 설명하고 함께 대응해야 합니다. 혹시라도 담임 교사에게 연락을 해오는 경우라면 가급적 혼자 대응하거나 면담하지 말고, 교장이나 교감, 동료 교사와 같이 면담하는 게 좋습니다. 혼자 감당하려고 하지 말고, 주변에 적극적으로 도움을 요청해야 합니다.

오해를 만들지 않는 소통의 기술

학부모와의 대화에서 가장 중요한 것은 기록입니다. 모든 대화를 기록합니다. 통화 날짜, 시간, 내용을 메모합니다.

"11월 7일 오후 4시 15분, 지훈이 어머니 전화. 지훈이가 친구에게 맞았다고 항의. 월요일 확인 후 연락하기로 함."

이렇게 간단하게라도 남깁니다. 이 기록에도 객관적 사실만 기록합니다. "학부모가 무례하게 굴었다"는 주관적인 평가지만, "학부모가 목소리를 높였다" "큰 소리를 내서 지나가던 학생들이 쳐다보았다"는 관찰 가능한 사실입니다. 이런 사실에 근거한 것만 씁니다.

가장 중요한 것은 결국 신뢰를 잘 쌓아두는 것입니다. 학기 초부터 학부모와 신뢰 관계를 만듭니다. 좋은 일로도 연락해보세요. "오늘 지훈이가 친구를 잘 도와줬습니다" "독감 걸리고 3일 만에 학교 왔는데, 오늘 수업 시간에 집중도 잘하고, 발표도 잘했습니다" 같은 긍정적인 소식도 전하는 겁니다.

학급 운영을 투명하게 하는 것도 도움이 됩니다. 학급 규칙, 평가 방법, 모둠 활동 등을 미리 공지합니다. "왜 우리 아이만 그래요?"라는 질문을 받지 않게 됩니다. 애초에 투명하게 공개되어 있고, 안내가 모두 나갔기 때문이죠.

저는 저경력 교사들에게 아무리 작은 일도 학부모에게 미리 알리는 게 좋다고 조언하곤 합니다. 작은 사건이라도 학부모에게 알려두면, 오해가 쌓이거나 엉뚱하게 해석하는 일을 방지할 수 있습니다. 간단하게라도, "오늘 지훈이와 민수가 다퉜는데요. 저와 방과 후에 함께 이야기해서 서로 사과했습니다" 하고 짧게라도 알려두면 나중에 문제가 되지 않습니다.

학부모가 불만을 이야기하면 교사에게는 큰 스트레스가 됩니다. 퇴근 후에도 마음이 불편하고, 잠도 잘 안 옵니다. '내가 교사로서 너무 부족한가' '내가 아이들을 잘못 가르쳐서 이런 일이 생겼나'처럼 자책하기 쉽습니다. 하지만 교사의 무능함이 원인이라기보다는, 학부모의 입장에서는 내 아이의 말과 행동이 모든 사안의 기준이라서 그렇습니다.

교사가 할 일은 명확합니다. 사실을 정확하게 확인하고, 객관적으로 전달하고, 교육적으로 대응하는 것입니다. 부드럽게 학부모의 마음을 이해하되, 단호하게 교육적 원칙을 지키는 것. 이것이 바로 부드러우면서도 단호한 학급 경영입니다.

절대 혼자 감당하지 마세요. 관리자에게 도움을 요청하고, 동료와 이야기를 나누고, 필요하면 전문가의 조언을 받으세요. 교사도 보호받을 권리가 있습니다.

"나는 최선을 다해 학생들을 지도하고 있다. 완벽하지 않을 수 있지만, 노력하고 있다."

이 말을 나 자신에게 자주 들려주세요. 매일이 꽃길이진 않아도 조금씩 성장하는 나를 만날 수 있을 겁니다.

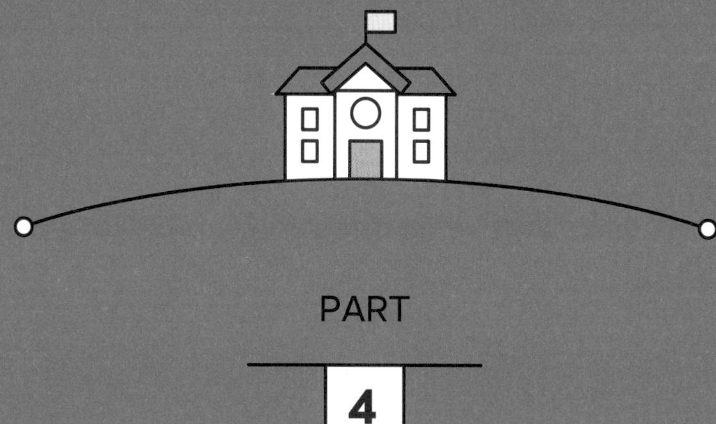

PART

4

나를 지키며 성장하는 교사의 길

나를 챙기는 건 이기적인 것이 아니다

가끔 정말 열심히 하는 교사들을 보곤 합니다. 젊은 날 최선을 다해 살아왔다고 자부하는 저조차도 고개를 숙이고 마음을 담아 존경한다고 말할 정도로 대단한 열정쟁이 교사들이 많습니다. 그런데 지금의 저는 교사들에게 이런 말을 해주곤 합니다.

뺄 건 빼고, 더할 건 더한다는 마음으로 학급을 운영하라고요. 그래야 소진되지 않기 때문입니다. 열정이 아무리 많은 교사라 해도 어디선가는 에너지를 얻어야 하고, 힘을 펴 올려야 합니다. 에너지를 얻고 현명하게 소비하는 일이 잘 되지 않으면 결국 언젠가는 소진되고, 에너지가 바닥나는 일이 오고야

맙니다. 교사 스스로 감정을 관리하고, 경계를 설정하는 일이 정말 중요합니다. 길게, 멀리 내다보는 것이 필요합니다.

제가 생각하는 가장 나쁜 학급 운영은 어설프게 남을 따라 하다가 말다가 하는 것입니다. 학급 운영에 대한 진지한 고민 없이 대충 해보다가 아니다 싶으면 그만둬버리는 식이지요. 학급 경영 관련 연수나 책에서 강의하고 이야기하는 선생님들은 대부분 그 분야에 긴 시간을 투자하고, 공부하고, 노력했기 때문에 자신 있게 시행착오와 실패담을 말할 수 있는 것입니다. 그 시간을 한두 번의 노력으로 뛰어넘을 수는 없습니다. 누구도요.

아무리 좋아 보여도 모든 걸 다 할 수는 없습니다. 한 해에 한두 가지만 노력해도 1년 치의 경험 값이 쌓입니다. 한 해에 하나씩만 집중해도 됩니다. 처음부터 완벽할 수 없어요. 세상 모든 전문가가 수없이 부딪치고 좌절하면서 시행착오를 줄여 갑니다. 잘 몰랐던 부분은 보완하고, 잘해왔던 부분은 더 잘하도록 노력하면 됩니다. 자신 없고 부족한 부분이 있다면 서서히 채워가면 됩니다.

교육은 효과가 참으로 더디게 드러나는 영역입니다. 하루아침에 달라지지 않아요. 느긋하게 마음먹되, 꾸준하게 도전하세요. 그러면 올해가 다르고, 내년이 달라집니다. 정말로 그렇습니다.

이렇게 말해보세요.

"올해는 이것 하나만 신경 써보자."

지금 나에게 필요한 말 한마디

✦

교사는 학부모, 학생, 동료 교사, 교장과 교감 등 여러 사람과 관계를 맺어야 하는 직업입니다. 교사라는 직업에 대한 사회적인 시선, 공교육을 비판하는 언론, 지역 사회의 여론과도 그렇습니다. 어느 것 하나 만만하거나 쉽지 않습니다.

우리가 교사라는 신분을 내려놓기 전까지는 이런 시선과 관계에서 자유로울 수 없습니다. 그렇다고 해서 위축되거나 소심해질 필요는 없습니다. 그건 그거고, 나는 내 길을 꿋꿋하게 간다는 마음으로 쿨하게 마음먹어야 합니다. 대나무는 유연해서 휠지언정 부러지지 않습니다. 세찬 비바람을 견디면서도 쑥쑥 위로 자라는 이유는 유연하기 때문이지요. 유연하고 부드러운 마음으로 자신과 학급을 바라보면 좋겠습니다.

저의 책 《교사의 말 연습》으로 저경력 선생님들과 현장 연수를 진행했던 적이 있습니다. 느낀 점을 이야기하는 시간에 어느 선생님이 말하더군요. "전엔 '어떻게 그럴 수 있지?'라고 생각했는데, 선생님하고 이야기를 나누다 보니, '그럴 수도 있지'라고 생각이 바뀌었어요."라고요.

이런 유연한 자세로 지내야 교직 스트레스도 덜 받고, 계속 도전하려는 마음도 생깁니다. '어떻게 그래?'라는 마음은 자꾸 비우고, '그럴 수도 있지'라고 마음먹어보세요. 아이들을 대하는 마음도 한결 편해질 수 있답니다.

이렇게 말해보세요.

"그럴 수도 있어. (○○이니까.)"

실패는 정보일 뿐, 계속 시도하자

학급 경영은 책이나 연수로만 배울 수 없습니다. 직접 해보고, 실패하고, 다시 시도하면서 배웁니다. 교사의 시행착오는 실패가 아니라 성장의 과정입니다. 실수는 배움의 기회입니다. 아무리 애쓰고 노력해도 수없이 많은 실수를 할 겁니다. 아이에게 잘못된 말을 하고, 학부모에게 서툰 대응을 하고, 학급 운영에서 판단 착오를 할 수도 있습니다. 그럴 때마다 교사로서 부족하다고 자책할 수도 있지만, 이때마다 조금씩 배우고 성장하고 있다고 여길 수도 있습니다.

농담처럼 들리시겠지만, 저는 요즘도 가끔 아이들이 수업 시간에 제 말을 안 듣고 마구 떠드는 꿈을 꾼답니다. 그럴 때마다 암담해지면서 '왜 아이들이 이렇게 말을 안 듣지?' 하고 진땀을 빼곤 합니다. 경력 30년을 코앞에 둔 저도 그럴진대, 경력이 10년도 안 된 선생님들이 실수할까 봐 걱정하는 것은 너무 당연한 것 아닐까요?

실수는 나쁜 것이 아닙니다. 우리가 학생들이 수없이 실수하며 배우는 것에 너그럽듯이, 교사들도 자신에게 그렇게 허용적으로 대해줘야 합니다. 그래야 교사 자신도 실수를 통해 무엇이 효과적이고 무엇이 아닌지 알게 됩니다. 중요한 것은 실수 자체가 아니라 실수를 어떻게 다루는가입니다.

기록하면 패턴이 보인다

✦

먼저 실수를 인정해야 합니다. 변명하거나 숨기지 않고, '아, 내가 실수했구나' 하고 솔직하게 인정합니다. 오늘 아이에게 소리를 질렀나요? 처음에는 '준수가 너무 심하게 굴어서 어쩔 수 없었어'라고 생각했을 겁니다. 하지만 잠시 이 생각은 멈추고 '정말 어쩔 수 없었을까? 다른 방법은 없었을까?' 하고 고민해보세요. 어쩌면 '아니, 다른 방법이 있었어. 내가 이 방법을 선택한 거야' 같은 답이 나올 수도 있을 겁니다. 저도 그랬고요.

실수를 인정한다는 것은 자신을 낮추는 것이 아닙니다. 오히려 성장할 수 있는 첫걸음입니다. 실수를 인정하면 그로부터 배울 수 있습니다. '다음에는 어떻게 하면 좋을까?'에 대해서 구체적으로 생각해볼 수 있으니까요.

오늘 아이에게 소리 지른 상황을 되감기 하듯 짚어보세요. 아이가 수업 시간에 계속 떠드는 걸 처음엔 무시하다가 그다음에는 눈으로 신호를 보냈을 겁니다. 하지만 아이는 계속 같은 행동을 했고, 결국 소리를 질렀습니다. 이 되감기가 끝나고 나면 '다음에는 어떻게 해야 할까?'를 생각해보는 거죠. '두 번째로 떠들었을 때 바로 조용히 다가가서 말할걸. 그게 효과적이었을 거야'처럼 구체적인 대안을 찾아볼 수 있습니다.

이런 실수를 기록하면 패턴이 보입니다. 교사 수첩이나 일지에 간단히 적어둡니다.

5월 7일

준수에게 소리를 질렀다. 계속 참다가 한꺼번에 폭발했다. 다음에는 초반에 개입하자.

5월 14일

지민이에게 너무 엄격했다. 지민이가 울었다. 내가 몸이 많이 피곤해서 오늘따라 마음에 여유가 없었다. 피곤할 때는 더 주의하자.

이렇게 기록하다 보면 내가 언제, 어떤 상황에서 실수하는지 보입니다. '나는 피곤할 때 더 엄격해지는구나'라든가, '나는 학급이 시끄러울 때 못 견뎌하는구나'를 알게 됩니다. 저는 이렇게 기록하다가 제가 교실이 소란해지는 상황을 무척 싫어한다는 걸 깨달았던 기억이 있습니다.

물론 실수만 분석하면 안 됩니다. 성공도 분석해야 합니다. '오늘은 왜 잘됐을까?'에 대한 생각도 해봐야 합니다. 어떤 날은 학급 운영이 잘됩니다. 아이들이 수업을 집중해서 잘 듣고, 갈등 없이 지내고, 즐겁게 수업에 참여합니다. 이럴 땐 그냥 지나치지 말고 멈춰서 생각합니다. '오늘은 왜 좋았을까?' 하고요. '오늘은 아침에 아이들과 한 명씩 인사하면서 기분을 물어봤는데, 그게 좋았던 것 같아' 또는 '오늘은 수업 중간에 스트레칭 시간을 가졌어. 그래서 아이들이 덜 산만했던 것 같아' 같은 것들을 놓치지 않아야 합니다.

이런 작은 것들이 큰 차이를 만듭니다. 잘된 순간을 포착하고 기록합니다. 잘된 순간도 모아보면 패턴이 보입니다. '아, 내가 여유로울 때 아이들도 여유로워지는구나' '내가 아침에 긍정적으로 시작하면 하루가 다르구나' '내가 명확한 지시를 줄 때 아이들이 더 잘 따르는구나' 같은 패턴을 알 수 있습니다. 이런 교실 안의 패턴, 교사의 행동 패턴에 따른 반응과 결과를 알고 나면 의도적으로 좋은 상황을 만들 수 있습니다.

교실 속 작은 변화를 만드는 길

✦

학급 경영은 실험과 비슷합니다. '이렇게 해보면 어떨까? 아이들은 어떻게 반응할까?' 가설을 세우고, 시도해보고, 결과를 관찰하는 겁니다. '축구하다가 들어온 남자아이들이 5교시 시작할 때 집중이 잘 안 되는 것은 에너지 발산을 미처 다 못해서일까? 그럼 5교시는 체육 같은 움직임이 있는 수업을 하면 어떨까?' '지민이가 발표를 안 하는 것은 부끄러워서일까? 그럼 모둠 안에서 먼저 발표하게 하면 어떨까?'처럼요.

가설을 세웠으면 시도해보고 일주일 후 결과를 확인해봅니다. 남자아이들이 지루해하는 횟수가 줄었는지, 지민이가 발표를 더 편하게 하는지 확인한 후 효과가 있으면 지속하고 없으면 다른 방법을 시도해보는 거죠.

다른 교사의 방법을 배우는 것도 좋습니다. 혼자 고민하지 마세요. 같은 학년 선생님의 학급을 관찰하는 것도 도움이 많이 됩니다. 경험 많은 선배 교사는 '걸어 다니는 학급 경영 백과사전' 같은 분들입니다. 물어보면 구체적으로 도움을 주실 겁니다. "선생님, 혹시 ADHD 성향 아이들이 집중을 잘 못 하고 떠들면 어떤 식으로 지도하시나요?"처럼 구체적으로 물어봐야 합니다. 부끄러워하지 않아도 됩니다. 선배 교사들은 대부분 기꺼이 알려줍니다. 자신의 경험을 나눠주고, 시행착오를 통해 배운 것들을 전해주지요.

아이들의 피드백도 듣습니다. 사실 가장 좋은 피드백은 아이들에게서 옵니다. 아이들은 정직합니다. 무엇이 좋고 무엇이 싫은지 솔직하게 말해줍니다. 저는 학기 중간과 학기 말, 분기별로 나눠서 항상 설문을 하곤 했습니다. 어떤 수업이 가장 재미있는지, 어떤 수업이 가장 지루한지, 어떤 말을 할 때가 가장 좋은지, 어떤 말을 할 때 가장 서운한지 등을 물었습니다. 아이들의 답변을 들으면 내가 보지 못한 것들이 보이기 때문이죠.

아이들은 말로 하지 않아도 행동으로 보여줍니다. 어떤 방식을 쓸 때 아이들이 어떻게 반응하는지 관찰해보세요. 내가 부드럽게 말할 때 아이들이 더 협조적인가요? 아니면 명확하게 지시할 때 더 잘 따르나요? 아침 활동으로 자유 시간을 줄 때 아이들이 행복해 보이나요? 아니면 구조화된 활동을 할 때 더 안정적인가요? 아이들의 반응이 하나하나의 답입니다.

한 학기가 끝나면 돌아보는 시간도 가져보세요. 무엇이 잘됐고 무엇이 아쉬웠는지 정리해보는 거죠. '이번 학기에 가장 잘한 것은 뭐였을까?' '이번 학기에 가장 아쉬운 것은 뭐였을까?' '다음 학기에는 무엇을 다르게 해볼까?' 구체적으로 메모합니다.

잘한 것

아침마다 개별 인사를 한 것.

아이들과 관계가 좋아졌다.

아쉬운 것

준영이와의 관계. 너무 자주 혼냈다.

준영이가 나를 피하는 것 같다.

다음 학기 목표

준영이와 관계 회복하기.

긍정적 상호 작용 늘리기.

2학기 시작할 때 1학기 메모를 다시 봅니다. '아, 내가 이걸 다르게 하기로 했지' 하고 떠올리고 의도적으로 실천합니다. 준영이에게 먼저 다가가 이렇게 말해줄 수 있겠죠. "준영아, 방학 어땠어? 선생님이랑 2학기는 더 재미있게 지내보자." 매일 준영이에게 긍정적인 말을 최소 한 번은 합니다. "준영아, 오늘 책상 정리 잘했네. 애썼어." 작은 것이라도 찾아서 인정해줍니다. 조금씩 변화가 보이고, 관계도 회복될 겁니다.

꾸준함에서 탁월함이 자란다

✦

시행착오를 통해 배우는 것은 완벽해지려는 것이 아닙니다. 조금씩 나아지려는 것입니다. 학급 경영은 완성되지 않습니다. 항상 진행 중이라고 생각하세요. 1년 차 교사도, 20년 차 교사도 계속 배웁니다. 매년 새로운 아이들을 만나고, 매년 새로운 도전이 생깁니다. '나는 아직 부족해'라고 생각하지 말고, '나는 계속 배우고 있어'라고 생각해보세요. 부족한 것이 아니라 성장하고 있는 것이라고 말입니다.

한 번에 많이 바꾸려고 하지 않습니다. 하나씩 조금씩 개선합니다. 이번 학기에는 '아침 인사 잘하기'를 연습하고, 다음 학기에는 '수업 시작 신호 명확히 하기'를 연습합니다. 그다음 학기에는 '긍정 언어 사용하기'를 연습합니다. 1년에 3가지만 개선해도 3년이면 9가지입니다. 저는 이 꾸준함에서 탁월함이 자란다고 믿습니다. 정말로 확고하게요.

새로운 시도를 할 때, 누구나 실패가 두렵습니다. '이게 안 되면 어떡하지?' '아이들이 안 따르면?' '학부모가 뭐라고 하면?' 걱정이 앞섭니다. 하지만 실패를 두려워하면 시도하지 못합니다. 시도하지 않으면 배우지 못합니다. 배우지 못하면 성장하지 못합니다.

처음부터 큰 것을 시도하지 않아도 됩니다. 처음엔 작고 안전한 것부터 시작해도 됩니다. '학급 전체에 새로운 규칙을 도입하기 전에, 작은 그룹에서 먼저 해보자' '새로운 수업 방식을 한 달 내내 쓰기 전에, 일주일만 시범적으로 해보자'처럼요. 이런 작은 실험은 실패해도 큰 문제가 되지 않습니다. 이런 작은 성공은 자신감을 주고, 서서히 교실에 안정감과 긍정적 변화를 가져다줍니다.

실패는 끝이 아닙니다. 실패는 정보일 뿐입니다. '이 방법은 우리 반에 맞지 않는구나' '이 시기에는 이게 효과적이지 않구나' 하는 정보 말입니다. 실패했다고 포기하지 마세요. '이 방법은 안 됐어. 다른 방법을 찾아보자' 하고 계속 시도하면 됩니다. 시행착오는 실패가 아니라 발견입니다.

이런 수많은 시행착오를 거치면서 나만의 학급 경영 스타일이 만들어집니다. 다른 교사들의 방법을 배우되, 나에게 맞게 변형하고, 나의 강점을 살립니다. 나는 무엇을 잘하나요? 어떤 부분에서 아이들과 잘 통하나요?

'나는 아이들의 이야기를 들어주는 걸 잘해. 아이들이 나한테 고민을 많이 털어놔.'

'나는 재미있게 가르치는 걸 잘해. 아이들이 내 수업 시간을 좋아해.'

'나는 정리정돈을 잘해. 우리 반은 항상 깔끔해.'

교사 자신의 강점을 알고 그것을 살립니다.

나의 약점도 파악합니다. 하지만 약점을 없애려고 하지 않습니다. 보완합니다.

'나는 큰 목소리를 내는 게 힘들어. 그래서 비언어적 신호를 많이 써.'

'나는 창의적인 활동 계획이 어려워. 그래서 자료를 많이 찾아보고 동료 교사한테 아이디어를 얻어.'

약점을 인정하고 대안을 찾습니다. 모든 것을 완벽하게 할 필요는 없습니다. 결국 가장 좋은 학급 경영은 나다운 학급 경영입니다. 다른 교사를 흉내 낼 필요도 없고, 그러려고 애쓰지 않아도 됩니다. 나의 성격, 나의 가치관, 나의 강점을 살려서 나만의 방식을 만들면 됩니다. 엄격하고 체계적인 스타일의 선생님은 규칙이 명확하고 일정이 정확합니다. 자유롭고 창의적인 스타일의 선생님은 아이들에게 많은 선택권을 주고 실험을 즐깁니다. 둘 다 좋은 교사입니다. 방식이 다를 뿐입니다. 선생님도 선생님만의 방식을 찾으면 됩니다.

10년 차, 20년 차가 되면 시행착오가 끝날까요? 아닙니다. 시행착오는 계속됩니다. 매년 새로운 학급, 새로운 아이들, 새로운 상황을 만날 테니까요. 교사의 배움은 끝나지 않습니다. 다만, 시행착오가 두렵지 않고, 오히려 기대하게 된달까요?

'올해는 어떤 걸 배울까?'

'이 아이들에게서 무엇을 배울까?'

이렇게 호기심을 갖게 되니까요.

실수해도 괜찮습니다. 완벽하지 않아도 괜찮습니다. 계속 배우고, 시도하고, 성장하면 됩니다. 교사로 산다는 것은 끊임없이 배우는 것입니다. 그 배움의 과정을 즐기세요. 시행착오를 두려워하지 말고, 그 속에서 자신만의 길을 찾아가세요.

"나는 완벽한 교사가 아니다. 하지만 나는 배우는 교사다. 그것으로 충분하다."

자꾸 자신에게 들려줘야겠지요.

동료 교사와 함께하면
더 멀리 간다

가끔 전혀 모르는 교사가 저에게 조언을 구해오는 때가 있습니다. 그러면 제가 전에 겪었던 경험들, 사례들을 이야기하면서 마음을 나누곤 합니다. 교직은 정말로 나 혼자 하는 일이 아닙니다. 스무 명이 넘는 아이들과 매일 씨름하다 보면 지치고, 막막하고, 외롭습니다. 하지만 주변을 둘러보면 같은 고민을 하는 동료들이 있습니다. 동료 교사와 함께하면 더 멀리 갈 수 있습니다.

제가 교사들을 상담하면서 자주 느끼는 게, 많은 교사가 혼자 고민한다는 것입니다. 게다가 '내가 부족해서 이런 문제가 생기는 거야' '다른 선생님들은 다 잘하는데 나만 못하는 것 같아' 하며 숨기는 경우도 꽤 많습니다. 하지만 혼자 고민하면 답을 찾기란 더욱 어렵습니다.

저는 지금도 교무실로 찾아와서 "선생님, 혹시 시간 있으시면 우리 반 준수 이야기 좀 들어주실 수 있어요?" 하고 질문하는 교사가 참 반갑고 고맙습니다. 대부분의 동료 교사들은 기꺼이 도와줍니다. 자신도 비슷한 경험이 있고, 자신도 누군가에게 도움을 받았던 기억이 있기 때문입니다.

나만 겪는 문제가 결코 아니다

✦

아이에 대한 고민을 이야기할 땐 구체적으로 말하는 게 좋습니다.

"수형이가 수업 시간에 자리에 앉아 있질 못해요. 5분도 안 돼서 일어나서 돌아다녀요. 제가 앉으라고 해도 잠깐 앉았다가 또 일어나요."

옆 반 선생님이 묻습니다.

"수형이가 왜 돌아다니는 것 같아?"

"수형이가 돌아다닐 때 주로 뭘 하지?"

"수형이를 자리에 다시 앉힐 때 어떻게 말해?"

질문을 받으면서 생각이 정리됩니다.

'아, 수형이가 수업에 쉽게 지루해져서 돌아다니는구나.'

'내가 너무 명령조로 말했나?'

문제를 여러 각도에서 볼 수 있게 됩니다.

같은 학년 선생님들은 가장 가까운 동료입니다. 같은 학년 아이들을 가르치기 때문에 비슷한 고민을 합니다. 일주일에 한 번, 같은 학년 선생님들과 모여서 이야기 나누는 것도 도움이 많이 됩니다. 굳이 공식적인 회의가 아니어도 잠깐씩 짬을 내어 이야기 나누는 것도 충분합니다.

"이번 주에 어땠어요?"

"특별한 일 있었어요?"

가볍게 시작해서, 서로의 학급 이야기를 나눕니다. 잘된 일도 나누고, 어려운 일도 나눕니다.

이야기를 나누다 보면 공통점이 보입니다.

"우리 반도 그래요!"

"저도 그런 고민 있었어요."

나만 겪는 문제가 아니라는 것을 알면 그래도 조금은 위로가 됩니다. 같은 학년이니 비슷한 수업을 하기 때문에 준비한 자료를 공유할 수도 있고, 함께 공동 수업을 준비할 수도 있습니다.

"이번 주 사회 수업 자료 제가 만들었는데, 같이 쓰실래요?"

"저는 미술 수업 아이디어 있는데, 나눠드릴게요."

혼자 준비하면 시간도 오래 걸리고 아이디어도 한정적입니다. 함께하면 빠르고 풍성해집니다. 부담도 줄어듭니다.

같은 학년 선생님의 수업을 참관하는 것 역시 도움이 많이 됩니다.

"선생님 수학 수업 한번 봐도 될까요? 제가 수학 수업이 어려워서요."

다른 선생님의 수업을 보면서 배웁니다.

'아, 저렇게 설명하면 아이들이 이해하기 쉽겠구나.'

'저런 활동이 재미있겠네.'

직접 보는 것이 가장 좋은 배움입니다. 참관 후에는 궁금했던 걸 물어봐도 좋지요.

"선생님, 아까 그 부분은 왜 그렇게 하신 거예요?"

궁금한 점을 물어봅니다. 이렇게 서로 돕고 나누면서 성장하는 것이지요.

경험 많은 선배 교사들은 보물입니다. 수십 년간 교실에서 겪은 시행착오, 그 속에서 얻은 지혜를 가지고 있습니다. 학교에서 존경하는 선배 교사를 찾아서, "선생님, 제가 학급 경영에 대해 많이 배우고 싶은데, 선생님께 여쭤봐도 될까요?" 하고 정중하게 부탁해보세요. 선배 교사들은 기꺼이 후배를 돕습니다. 자신의 경험을 나누고, 후배가 성장하는 것을 보며 보람을 느낍니다.

이때 "선생님, 학급 경영 어떻게 해요?"처럼 막연한 질문보다 구체적으로 묻는 것이 좋습니다.

"선생님, ADHD 성향 아이 지도할 때 어떻게 하세요?"

"선생님, 학부모 민원 들어올 때 어떻게 대응하세요?"

"선생님, 학급 규칙은 어떻게 정하세요?"

이렇게 질문을 구체적으로 해야 답도 구체적으로 돌아옵니다. 선배 교사가 어떻게 아이들과 상호 작용하는지도 살펴봅니다. 복도에서 아이들과 어떻게 이야기하는지, 화가 났을 때 어떻게 대응하는지, 칭찬할 때 어떤 표현을 쓰는지 관찰합니다.

'저 선생님은 아이들에게 항상 먼저 인사하시네.'

'저 선생님은 화가 나도 목소리를 높이지 않으시네.'

이런저런 크고 작은 것들을 배울 수 있을 겁니다.

나의 경험을 나눠보기

✦

도움은 받기만 하는 것이 아닙니다. 동료를 돕는 것도 성장입니다. 신규 교사가 힘들어하면 "나도 1년 차 때 정말 힘들었어요. 지금은 어때요?" 하고 묻고, 후배의 이야기를 들어줍니다. "내가 그때 이렇게 했는데, 한번 해볼래요?"라고 좋았던 방식을 제안합니다.

동료가 "우리 반에 이런 아이가 있는데 어떻게 해야 할까?" 하고 고민을 털어놓는다면 함께 지도 방법을 생각해봐도 좋습니다. "그 아이는 왜 그렇게 행동하는 것 같아?" "지금까지 어떤 지도를 해봤어?" "다른 방법은 없을까?" 같은 질문을 던지며 함께 고민합니다. 그 과정에서 동료도 답을 찾고, 나도 배웁니다.

관심사가 비슷한 교사들과 모여서 학습 공동체를 만들고 교육 관련 책을 함께 읽어보세요. 한 달에 한 권씩 각자 읽고 모여서 이야기 나눠보는 거죠. "나는 이 부분이 인상 깊었어" "이 방법을 우리 반에 적용해보니 이랬어"와 같이 책의 내용을 자신의 경험과 연결해볼 수 있습니다. 그러면 혼자 읽을 때보다 더 깊이 이해하게 됩니다. 같은 내용도 다른 사람의 해석을 들으면 새롭게 보이거든요.

같은 교과나 주제에 관심이 있는 교사들과 모임을 갖는 방법도 있습니다. 함께 수업을 설계하고, 실행하고, 평가해보는 거죠. "이번 달에는 프로젝트 수업을 연구해볼까?"와 같이 주제를 정합니다. 각자 자료를 찾아오고, 아이디어를 나누고, 함께 수업을 만듭니다. 누군가는 자기 학급에서 먼저 해보고 결과를 공유합니다. "이 활동은 아이들이 정말 좋아했어. 그런데 이 부분은 시간이 부족했어" 같은 피드백을 듣고 수정합니다.

정기적으로 함께 성찰하는 시간을 갖는 것도 바람직합니다. 한 달에 한 번, 동료들과 모여서 지난 한 달을 돌아봅니다. 이번 달에 잘한 것과 아쉬운 것, 다음 달에 도전하고 싶은 것에 대해 각자 이야기합니다. 서로의 이야기를 들으며 자극받고 위로받습니다. 학기가 끝나면 함께 정리합니다. 더 긴 시간을 갖고 깊이 돌아봅니다. 이번 학기에 나는 교사로서 어떻게 성장했는지, 가장 힘든 순간은 언제였는지, 그걸 어떻게 극복했는지, 다음 학기에는 어떤 교사가 되고 싶은지를 함께 나누면서 자신의 성장을 확인합니다. 그리고 다음 학기를 준비합니다.

성찰만 하지 않습니다. 축하도 합니다. 작은 성공도 함께 기뻐합니다.

"민수야, 너 이번 학기 정말 수고했어. 너 준수랑 관계 많이 좋아졌더라."

"지영아, 너 학부모 상담 진짜 잘했어. 어려운 상황이었는데 잘 넘겼어."

서로를 인정하고 격려합니다. 함께 일했으니 함께 축하합니다.

교사 연구회와 교사 동아리 활동

✦

교사로서 현장에서 아이들과 부대끼면서 치열하게 살다 보면 어느 날 문득 나처럼 고민하는 다른 교사들도 있지 않을까, 하는 생각을 하게 됩니다. 이럴 때 함께할 동료 교사가 있다면 어떨까요? 그만큼 든든하고 기분 좋은 일도 없겠지요.

같은 학교가 아니어도 온라인에서 만날 수 있습니다. 교사 커뮤니티, SNS 그룹, 온라인 포럼에서 전국의 교사들과 교류합니다. “이런 상황에서 어떻게 하세요?” 하고 질문을 올려보세요. 여러 교사의 답변으로 다양한 관점과 방법을 접할 수 있습니다. 나도 다른 교사의 질문에 답합니다. “나는 이렇게 해봤어요” 하고 경험을 나누는 거죠. 이렇게 서로 주고받으며 함께 성장합니다.

전국에 수많은 동호회가 있듯이, 교사 모임도 셀 수 없이 많습니다. 그림책을 연구하는 모임, 동화책 쓰는 모임, 과학과 발명만 집중적으로 연구하는 모임, 글쓰기를 연구하는 모임 등 매우 다양합니다. 게다가 지역별로 연구부장 네트워크, 교무부장 모임, 수석 교사 모임 등도 있습니다.

학교 단위나 교육지원청 단위 교사 모임 외에 전국 단위 교사 모임도 많습니다. 예를 들면 전국교사마술교육연구회, 참쌤스쿨, 교사크리에이터협회, 책쓰샘, 실천교육교사모임 등 전국 교사들이 함께하는 모임들이 있지요. 더 다양한 사람을 만날 수 있고, 더 많은 걸 보고 들을 수 있습니다. 제가 주변의 저경력 교사들에게 학교 단위나 교육지원청 단위 모임 말고 이런 전국 단위 모임에서 활동해보라고 자주 조언하는 이유입니다.

관심 분야에 따라 교사들이 직접 모임을 만들 수도 있습니다. 저는 과학이나 발명을 집중적으로 연구할 땐 전국과학교사

모임, 발명 교사 동아리, 과학 교과 연구회 등에서 활동했는데, 나중엔 전국 교사 예비 작가 모임인 '예작'을 직접 만들어 지금까지 꾸려나가고 있습니다.

교사 모임에서는 같은 고민을 나누고, 여러 교실에서의 다양한 실천적인 사례와 이야기를 보고 듣고 배울 수 있습니다. 교사로서 성장을 꿈꾼다면 교사 모임에서 활동해보세요. 한 해에 하나씩만 활동해도 10년이면 어마어마한 경험치가 쌓입니다. 저경력 교사나 신규 교사들에겐 꼭 필요한 것이 교사 모임이라고 할 수 있겠지요.

교직은 외로운 일처럼 보이지만, 혼자가 아닙니다. 교실 문을 닫고 아이들과 지지고 볶는 하루를 매일 보내지만, 옆 교실에는 나와 같은 고민을 하는 동료 교사가 있습니다. 힘들 때 기댈 수 있고, 기쁨을 나눌 수도 있습니다. 실수했을 때 위로받을 수도 있고요. 동료와 함께하면 더 좋은 교사가 됩니다. 동료와 함께하면 혼자일 때보다 더 멀리 갑니다. 서로 배우고, 서로 성장하고, 서로 지탱할 수 있습니다.

교사는 혼자가 아닙니다. 우리에겐 같은 길을 함께 걷고 있는 동료들이 있습니다.

일과 나 사이, 경계를 지키는 연습

언제가 교사들 연구 모임에서 강의를 한 적이 있습니다. 강의가 끝나고 질문 시간에 한 선생님이 손을 들었습니다.

"저는 지금까지 학생들을 위해 희생하는 것이 너무나 당연하다고만 생각해왔어요. 한 번도 제 자신을 먼저 돌보고 마음을 챙기려고 해본 적이 없었어요."

그 선생님은 말을 미처 마치지 못하고 눈물을 흘렸습니다. 20년 동안 학생들을 위해 밤늦게까지 교재를 연구하고, 교육과정을 재구성하고, 프로젝트 수업을 준비하며 헌신해왔다고 했습니다. 그의 열정과 희생에 깊은 존경이 우러나 가슴이 먹먹하면서도, 한편으로는 안타까웠습니다.

그리고 비행기 안전 안내 방송이 떠올랐습니다. 승무원이 "산소마스크가 내려오면 자신이 먼저 착용한 후 옆 사람을 도와주십시오"라고 설명할 때 누구나 한 번쯤은 생각해보았을 겁니다. '왜 어른이 먼저 쓰고 아이를 나중에 씌우는가' 하고요. 사실 어른이 먼저 산소마스크를 쓰지 않으면 아이를 제대로 도울 수 없기 때문입니다. 교사도 마찬가지입니다. 교사가 자신을 먼저 돌보지 않으면 결국 소진됩니다. 소진된 교사는 아이들을 제대로 돌볼 수 없습니다.

교사는 소진되기 쉬운 직업입니다. 매일 스무 명 넘는 아이들과 씨름하고, 학부모의 다양한 요구와 질문에 응대하고, 매일의 수업을 준비하고, 공문이나 잡다한 행정 업무를 처리해야 합니다. 하루가 끝나면 녹초가 되는 게 당연합니다.

지속 가능한 교사 생활을 위해서는 자기 관리가 필수입니다. 교사 스스로 자신을 먼저 돌봐야 합니다. 하지만 앞의 선생님처럼 많은 교사가 자신을 챙기는 걸 뒤로 미룹니다. '아이들이 먼저야' '학부모 응대가 급해' '이 일부터 끝내고' 하며 자신을 챙기지 않습니다. 점심시간에도 밥을 제대로 못 먹습니다. 아이들 지도하고, 상담하고, 급한 일 처리하다 보면 시간이 없습니다. 화장실도 못 갑니다. 수업 시간에는 갈 수 없고, 쉬는 시간에는 아이들 일이 생깁니다. 물도 못 마십니다. 수업 중에 화장실 가기 싫어서 아예 물을 안 마십니다.

이런 생활이 쌓이면 몸이 망가집니다. 방광염, 위염, 목 질환이 생깁니다. 실제로 제가 아는 1학년 선생님 한 분은 학기 초에 1학년 아이들을 지도하느라 화장실 갈 새도 없이 지내다가 결국 방광염으로 고생했습니다. 그뿐인가요? 마음도 지칩니다. 짜증이 늘고, 인내심이 줄고, 아이들에게 화를 내게 됩니다. 악순환입니다. 나를 돌보지 않으면 아이들도 제대로 돌볼 수 없는 것이지요. 나를 챙기는 것은 이기적인 것이 아닙니다. 교사에겐 정말로 꼭 필요한, 필수 불가결한 것입니다.

모든 순간 완벽할 순 없다

✦

집에 가서도 일해야 하고, 집에 가서도 학생들을 걱정해야 한다면 그건 24시간 내내 교사로만 사는 것입니다. 내 삶은 없고, 교사로서의 삶만 남는 것이지요. 일과 삶의 경계가 사라지면 그렇게 됩니다. 저도 그런 적이 많았고, 오랫동안 그런 식으로 살기도 했습니다.

그런데 이렇게 살면 쉴 수가 없습니다. 몸은 쉬는데 머리는 계속 일합니다. 진짜 휴식이 아닙니다. 재충전이 안 되기 때문에 월요일에 지친 상태로 출근합니다. 다시 한 주를 버티고, 금요일에 녹초가 되고, 주말에 또 일하고. 반복됩니다.

일과 삶의 경계를 긋는 것이 좋습니다. '나는 5시에 퇴근한다'처럼 퇴근 시간을 분명하게 정합니다. 5시가 되면 책상을 정리하고 일어납니다. 급한 일이 아니면 내일 합니다. '내일 출근해서 하면 돼'라고 스스로에게도 말해줍니다. 집에 가서는 학교 일을 하지 않습니다. 수업 준비는 학교에서 끝냅니다. 학부모 문자는 다음 날 아침에 확인합니다. 긴급한 일이 아니면 서녁 시간은 스스로에게 약속처럼 지킵니다.

특히 주말은 온전히 쉽니다. '주말에는 학교 일 안 한다'라는 원칙을 세우고 실천해야 합니다. 정말 급한 일이 아니면 월요일에 합니다. 주말은 나를 위한 시간입니다. 좋아하는 것을 하고, 쉬고, 재충전합니다. 월요일에 에너지가 충전된 상태로 출근합니다.

처음에는 어렵습니다. '이것도 해야 하는데' '저것도 안 끝났는데' 싶어 불안합니다. 심지어 죄책감도 듭니다. '나만 일 안 하는 것 같아.' 다른 선생님들은 다 열심히 하는데 나만 빠지는 것 같습니다. 바로 이 느낌을 견뎌야 합니다. 아무리 바쁘고 복잡한 매일이어도, 일과 나 사이의 경계를 온전하게 지키는 것이 곧 나를 지키는 것임을 잊어서는 안 됩니다. 다시 강조하지만, 스스로 자신을 잘 지켜내야 교사로서도 잘 지낼 수 있습니다.

저는 지금은 주말엔 아무 일도 하지 않습니다. 드라마도 보고, 책도 읽고, 낮잠도 자면서 푹 쉽니다. 전에는 주말이고 낮이고 밤이고 매일 일하고, 일하고, 일했답니다. 비누처럼 제 자신을 소진하며 살아냈던 삶이죠. 이제는 그렇게 하지 않습니다. 오늘 일은 오늘 최선을 다해서 하되, 내일 일은 내일의 나에게 맡긴답니다. 내일 걱정을 미리 당겨서 하지도 않습니다. 교사들에게도 "내일 일은 내일 걱정하자"라고 말해줍니다. 이 책을 읽는 여러분도 그러길 바랍니다.

완벽하게 하려고 하지 마세요. 모든 수업을 완벽하게 준비할 수 없습니다. 모든 아이가 완벽하게 내 뜻을 따르지 않습니다. 80%만 해도 충분합니다. 완벽하지 않아도 괜찮습니다. 중요한 것은 지속하는 것입니다. 100%로 3개월을 살고 번아웃되는 것보다, 80%로 30년간 일하는 편이 낫습니다.

내 감정을 인정하고 표현하기

✦

교사는 감정 노동자입니다. 하루 종일 웃고, 참고, 공감하고, 다독입니다. 화나도 참고, 슬퍼도 참고, 피곤해도 밝게 웃습니다. 아이들 앞에서는 '선생님'이어야 하니까요. 그렇게 감정을 숨기고 쌓아가다가 보면 가끔은 퇴근길에 폭발하기도 합니다. 집에 가는 차 안에서 울거나, 집에 도착해서 아무것도 못 하고 누워 있습니다. 가족에게는 짜증을 냅니다. 사소한 일에도 화를 내고요. 억눌렸던 감정이 터져 나오면서 죄책감이 듭니다.

'왜 나는 이렇게 못났을까' '왜 조절을 못 할까' 하고 말이지요.

감정을 억누르지 말고 인정해주세요. '나는 지금 화가 나 있어' '나는 지금 슬퍼' '나는 지금 지쳐'라고 솔직하게 인정하는 겁니다. 감정이 있다는 것은 자연스러운 것입니다. 교사도 사람입니다. 감정이 있습니다. 감정을 느끼는 것은 약함이 아닙니다.

감정을 인정하려면 표현할 곳이 필요합니다. 신뢰하는 동료에게 이야기해보세요.

"오늘 정말 힘들었어. 아이들 몇이 너무 힘들게 했어. 화가 나고 속상했어."

솔직하게 내 감정을 말해보는 겁니다. 동료 교사가 듣고, "나도 그런 날 있어. 정말 힘들지?" 하는 것만으로도 공감이 되고, 위로가 됩니다.

일기를 쓰는 것도 좋습니다. 오늘 교실에서, 수업에서 느낀 감정을 솔직하게 적습니다. "오늘 이수한테 소리를 질렀다. 뒤돌아서는데 왠지 미안했다. 하지만 한편으로는 화가 났다. 나는 좋은 교사가 아닌 것 같다는 생각이 들어 비참한 마음이 들었다"처럼 판단하지 않고 있는 그대로 씁니다. 쓰다 보면 정리가 되고, 감정이 풀려나가는 걸 느낄 수 있습니다.

운동도 추천합니다. 몸을 움직이면 감정도 풀립니다. 산책을 하거나, 요가를 하거나, 헬스장에 가거나, 맨발로 걷거나 뭐든

상관없습니다. 몸을 움직이는 것 자체가 스트레스 해소입니다. 땀을 흘리면 마음도 가벼워집니다. 이도 저도 안될 땐 전문가의 도움을 받는 것도 방법입니다. 혼자 감당하기 힘들면 상담을 받아야 합니다. 교사를 위한 심리 상담 프로그램도 있고, 병원에서 상담을 받아도 좋습니다.

나를 먼저 지키는 연습

교직은 변화를 당장 눈으로 확인하기 어려운 일입니다. 아이들은 생각보다 더 천천히 변화합니다. 아무리 애를 써도 제자리 같지요. 교사가 매일의 학교생활에서 소진되기 쉬운 이유이기도 합니다. 이럴 때는 작은 기쁨을 의도적으로 찾아야 합니다. 하루 중 좋았던 일 하나를 떠올려보세요. 아무리 힘든 날이라도 좋은 일 하나는 있습니다. '오늘 시아가 웃었어' '지민이가 숙제를 해왔어' '아이들이 수업 시간에 집중했어' 같은 작고 사소한 것이라도 찾습니다.

그리고 퇴근하기 전에 5분 동안 '오늘 나는 무엇을 잘했을까?' 하고 생각해봅니다. 잘한 일을 떠올리며 나 자신을 칭찬하는 겁니다. '오늘 지민이 이야기를 끝까지 들어줬어. 잘했어' 하고요. 감사 일기를 쓰거나 아이들의 편지나 그림을 모아둬도 좋습니다. 힘들 때 꺼내 보면 마음의 비타민처럼 느껴지거든요. "선생님 사랑해요" "선생님 덕분에 행복해요" 같은 아이들의 편지를 읽으면 조금은 힘이 날 겁니다. '아, 내가 아이들에게 의미 있는 사람이구나' 하는 보람을 느끼면 어떻게든 다시 힘을 내게 되지요.

업무도 혼자 다 하려고 하지 않아야 합니다. 힘들 때는 도움을 청하세요. 동료에게 "업무가 너무 많은데, 좀 도와줄 수 있어?" 하고 부탁하는 겁니다. 관리자인 교장과 교감에게도 말합니다. "이 업무는 제가 감당하기 어렵습니다. 도움이 필요합니다"라고요.

아니라고 생각될 때는 "아니요"라고 말합니다. 모든 요청을 들어줄 수는 없습니다. 내가 할 수 있는 것과 할 수 없는 것을 구분해서 할 수 없는 것은 "아니요"라고 말하세요. "죄송하지만 지금은 어렵습니다" "제가 할 수 있는 범위를 넘어섭니다"라고 분명하게 말합니다. 처음에는 어렵지만, 나를 지키는 것이 우선입니다.

교직이라는 긴 여정 속에서

✦

교직은 단거리 달리기가 아니라 마라톤입니다. 처음부터 전력 질주하면 금방 지칩니다. 페이스를 잘 조절해야 하지요. 1년차 새내기 교사 때에는 잘 적응하는 것도 쉽지 않습니다. 잘 버틴 것만으로도 스스로 잘했다고 격려해줘야 합니다. 5년 차가 되면 자기 방식을 찾을 겁니다. 나에게 맞는 학급 경영을 만들 것이고, 내 나름의 방식으로 이렇게 저렇게 보완하면서 성장해 갑니다. 10년 차가 되면 좀 더 여유가 생깁니다. 후배를 도울 수 있을 겁니다. 20년 차가 되면 지혜가 생기고, 큰 그림을 볼 수 있습니다.

이렇게 교직의 생애 주기마다 다른 목표를 가져야 합니다. 1년 차 때의 목표를 20년 차에도 유지하려면 당연히 지칩니다. 지금 내 단계에 맞는 나만의 목표를 세웁니다. 무리하지 않고, 천천히, 그러나 꾸준한 걸음으로 나아가세요. 그렇게 조금씩 성장하는 걸 목표로 삼으면 가끔은 쉬는 날도 있고, 쉬었다가 다시 가기도 할 겁니다. 괜찮습니다. 힘든 해가 있고, 해볼 만한 해가 있습니다. 개인적으로 어려운 일이 있을 수도 있고, 아플 때가 있을 수도 있습니다. 그럴 때는 학교 일을 줄이고, '올해는 잘 버티는 데 집중하자'라고 마음먹으세요. 그러면 내년에 다시 힘을 낼 수 있을 겁니다.

나는 교사이면서 한 '인간'입니다. 가족의 일원이고, 친구이고, 취미를 가진 사람입니다. 학교 일이 잘 안돼도 삶 전체가 무너지지 않도록 학교 밖의 삶도 잘 챙기세요. 균형을 잡고, 스스로를 격려하고, 사랑해주세요. 세상 누구도 완벽하지 않습니다. 실수도 하고, 화도 내고, 모난 부분도 많습니다. 그러니 스스로에게 말해주세요.

"나는 오늘 최선을 다했다. 완벽하지 않지만 노력했다. 나는 좋은 교사다. 아이들을 사랑하고, 아이들을 위해 애쓴다. 내일은 오늘보다 나을 것이다. 나는 계속 성장하고 있다. 나는 소중하다. 나를 돌보는 것은 중요하다. 쉬어도 괜찮다. 완벽하지 않아도 괜찮다. 나는 충분히 잘하고 있다."

자신에게 엄격하지만, 따뜻하기도 해야 합니다. 아이들에게 부드러우면서 단호한 교사가 되려면, 나에게도 부드러우면서 단호해야 합니다.

교사로 산다는 것은 긴 여정입니다. 때로는 힘들고, 때로는 보람차고, 때로는 지치고, 때로는 행복합니다. 천천히, 꾸준히, 오래 갑니다. 나를 돌보면서 가야 합니다. 30년 후에도 여전히 아이들 앞에 설 수 있도록, 아이들을 사랑하는 마음에 변함이 없는 지속 가능한 교사로 살아가면 좋겠습니다.

전문직, 작가, 강연…
새로운 삶에 도전하기

교사가 성장하고 도전할 수 있는 일에는 여리 선댁지가 있습니다. 첫 번째는 교육 전문직처럼 교사로서 경험해보지 않은 전혀 새로운 삶이고, 두 번째는 교과 연구회, 교사 동아리처럼 여럿이 함께 성장하는 삶입니다. 세 번째는 교사 자신의 역량과 전문성을 기르는 삶입니다.

연구사와 장학사 등 교육 전문직

교육 전문직은 교원 신분이지만, 수업을 하는 교사가 아닙니다. 직이 다르기 때문에 교원에서 교육 연구사나 장학사로

전직을 해야 합니다. 장학사는 주로 각종 교육 정책을 추진하고, 학교 현장을 지원하는 행정적인 업무를 합니다. 시도 교육청에서 추진하는 각종 정책의 실천 방안을 찾아서, 그에 맞는 계획을 세우고, 추진해나가는 것입니다.

예를 들면 기초 학력 향상 업무를 맡은 장학사는 각급 학교에서 업무를 담당하는 교사들에게 연수도 해야 하고, 학교장과 교감들에게 사업을 설명하는 워크숍이나 연수도 해야 합니다. 희망하는 학교들을 모아서 선도 학교나 모델 학교, 중점 학교 등으로 선정하여 운영하기도 하고, 교사 연구회나 교사 동아리를 지원하거나 교사들과 머리를 맞대고 협의해야 하는 온갖 회의도 해야 합니다. 가끔은 교육부에서 내려오는 중요 정책들을 교육청 색깔에 맞게 다시 구성하고 현장에 펼치기도 합니다.

교사는 수업하고, 가르치고, 학부모와 상담하는 것이 주요 업무지만, 교육 전문직인 장학사나 연구사는 이렇듯 교육 정책을 펼치는 일을 합니다. 교육 전문직이 열심히 일하고 고생하는 만큼 학교 현장에도 조금씩이나마 변화가 생깁니다. 물론 학교를 바꾸는 데에 힘을 보태겠다는 사명감 없이는 힘든 일입니다.

시도 교육청마다 선발 인원이나 선발 영역 등이 조금씩 다르긴 해도 교육 전문직은 심사 과정이 매우 엄격하고 철저하게 이루어집니다. 논술, 보고서 작성 심사, 면접 심사, 토의 토론 심사, 현장 검증 등 여러 차례 철저한 심사를 거칩니다. 만약 교육 전문직 시험을 준비하고 싶다면 해당 교육청에서 중요하게 다루고 있는 교육 정책들을 꼼꼼하게 살피고, 여러 번 읽어두는 게 좋습니다. 어떤 교육청이든 장학사를 선발한다는 것은 해당 교육청에서 추진하고 있는 기본적인 교육 정책과 제도를 실천할 사람을 선발한다는 의미이기 때문입니다.

시도 교육청 정책은 결국 대한민국 공교육의 변화와 흐름을 따르기 마련입니다. 최근 어떤 교육적 이슈가 있었는지, 나는 이 문제에 어떤 답을 내놓을 것인지, 누가 묻는다면 나는 이런 문제를 뭐라고 설명할 것인지 등을 자주 구상해보는 게 시험에서 매우 큰 도움이 됩니다.

평소에 교육적인 문제나 이슈에 관심을 갖고, 신문 칼럼도 자주 읽어보고, 주변 사람들과 토론도 해보고, 내 생각을 글로 써보며 다양하게 접근하는 게 좋습니다. 예를 들면 이런 문제가 나올 수 있겠지요.

논술

급격한 인구 감소로 최근 학교의 학령 인구가 눈에 띄게 줄어들고 있습니다. 이런 현실에서 교육 공동체 사이에서도 작은 학교를 통폐합하자는 의견과 유지하자는 의견이 부딪치는 경우가 있습니다. 본인의 의견을 논리적으로 서술하세요.

보고서

학령 인구 감소로 인한 학급 수 감축에 대비할 교육 정책을 보고서로 작성하시오.

교육 전문직 선발을 준비한다고 해서 특별히 따로 시간을 내어 공부해야 하는 것은 아닙니다. 오히려 학교에서 아이들과 함께 하루하루 열심히 지내면서 다양한 업무에 도전해보고, 매일 쏟아지는 공문도 꼼꼼하게 읽어보는 것이 좋은 준비가 됩니다. 최근의 교육 이슈를 우리 교육청에서는 어떻게 대비하고 있는지 관심을 갖고 살펴보는 것. 이것이 공부이고 준비입니다.

교육 인플루언서와 외부 강연 활동

요즘 교사들 사이에서 SNS나 유튜브 활동이 하나의 트렌드가 되었습니다. 수업 노하우를 공유하고, 교실 꾸미기 아이디어를 나누며, 동료 교사들과 소통하는 새로운 방법으로 자리잡고 있지요. 하지만 막상 시작하려니 '이렇게 해도 될까?' 하는 고민이 앞서는 것도 사실입니다.

저한테도 언제 책 쓰고, 언제 SNS하고, 언제 유튜브하고, 언제 강의하냐고 묻는 후배 선생님들이 가끔 있습니다. 저는 낮에는 딱 학교생활만, 저녁에는 딱 글쓰기만 하고, 짬 날 때 강의를 합니다. 십수 년 동안 나름의 원칙을 철저하게 지켜왔기 때문에 교사의 일과 작가의 일이 서로 방해받지 않습니다.

교사의 SNS와 유튜브, 강연 등은 영리하게 하는 게 가장 중요합니다. 본업이 교사이고 교사는 교육 공무원이라는 특수 신분을 갖고 있기 때문에, 지침에 어긋나지 않도록 안전하게 주의해서 하는 게 무엇보다 중요합니다.

가장 먼저 기억해야 할 것은 학생들의 개인 정보 보호입니다. 아무리 예쁘고 기특한 모습이라도 학생의 얼굴이나 이름을 노출하는 것은 절대 금물이에요. 학교 이름도 구체적으로 밝히기보다는 '우리 학교 3학년'이나 '초등학교 저학년' 정도로 표현하는 것이 좋습니다. 교실을 촬영할 때도 학교를 알 수 있는 현수막이나 안내문은 미리 치워두는 센스가 필요하죠.

어떤 내용을 다루면 좋을까요? 생각보다 소재는 무궁무진합니다. 새 학기 교실 환경 구성기, 아이들이 좋아하는 수업 아이디어, 학급 경영의 작은 노하우들, 읽어보고 좋았던 교육 도서 이야기 등 일상 속 교육 이야기들이 모두 훌륭한 콘텐츠가 됩니다. 다만 특정 학생이나 학부모에 대한 이야기, 학교 내 힘든 일들, 정치적으로 민감한 내용은 피하는 것이 좋습니다.

플랫폼마다 특색을 살려보세요. 유튜브는 수업 준비 과정을 차근차근 보여주는 15분 내외의 영상이 좋고, 인스타그램은 예쁘게 꾸민 교실 모습이나 수업 준비물 사진으로 소소한 일상을 나누기에 적합합니다. 틱톡이나 쇼츠는 '이럴 때 이렇게 해보세요!' 같은 팁을 짧고 재미있게 전달할 수 있고요.

자신의 신원 보호도 잊지 않아야 합니다. 본명 대신 '○○쌤' '△△선생님' 같은 닉네임을 사용하고, 얼굴은 일부만 나오게 하거나 목소리만으로 진행하는 것도 방법입니다. 닉네임으로 소통하면 본명보다 오래 그리고 쉽게 기억됩니다. 댓글로 소통할 때도 따뜻하면서도 선을 지키는 태도가 중요합니다.

채널에서 수익이 생긴다면 교육청의 겸직 신고 기준을 반드시 확인해야 합니다. 수익이 생기는 순간 신고해야 한다고 생각하는 게 좋습니다. 특히 특정 업체 홍보나 사설 교육 업체 등 학원 교육과 연계될 경우에는 반드시 지침을 확인해야 합니다. 유튜브 채널이나 인스타그램의 계정이 커지면 협찬이 들어오는 경우도 있지만, 원칙적으로 공무원은 영리 업무를 하면 안 되기 때문에 금품 협찬이나 지원을 받으면 안 됩니다.

SNS 활동이 활발해지면 자연스럽게 외부에서 강연 요청이 들어올 수 있습니다. 교육청이나 연수원에서 수업 노하우 공유를 요청하거나, 교사 모임에서 특강을 부탁하는 경우가 생기죠. 이런 기회들은 교사로서의 전문성을 인정받는 뜻깊은 일이지만, 역시 몇 가지 주의할 점이 있습니다.

우선 소속 학교장의 승인을 받아야 합니다. 근무 시간과 겹

치지 않는지, 근무에 영향을 주진 않는지도 확인해야 합니다. 만약 심각한 영향을 주는 것으로 예상된다면 학교장이 승인하지 않을 수도 있습니다. 또한 강연료가 발생하는 외부 강의라면 신고가 필수입니다. 지속성이 있는 강의라면 겸직 신고 대상이 될 수 있습니다. 학교의 인사 업무 담당자인 교감 선생님과 미리 확인하고 함께 점검해두는 게 좋겠지요.

처음에는 욕심내지 말고 작게 시작해보세요. 교육청 지침부터 차근차근 확인하고, 내 채널만의 색깔을 정한 다음, 기본적인 편집 기술을 익히는 것까지요. 그다음엔 주 1~2회 정도 꾸준히 콘텐츠를 올리면서 시청자들과 소통하다 보면 자연스럽게 구독자 수가 늘어날 겁니다. 처음엔 조회 수가 적어도 낙심하지 마세요. 진정성 있는 콘텐츠는 시간이 지나면서 서서히 빛을 발하게 된답니다.

무엇보다 잊지 말아야 할 것은 우리의 본업은 교사라는 점입니다. SNS나 유튜브는 교육에 대한 열정을 나누는 즐거운 부가 활동이지, 수업 준비 시간을 빼앗는 부담이 되어서는 안 되겠죠. 아이들 앞에 설 때가 가장 빛나는 우리랍니다. 작은 용기를 내어 첫걸음을 내디뎌보세요.

교사의 삶을 변화시키는 첫걸음

✦

어떤 교사든 좋아하는 게 있고, 자신 있는 게 있을 겁니다. 저는 글 쓰는 걸 어릴 때부터 좋아했고, 작가가 학창 시절부터 간직했던 오랜 꿈이었습니다. 교사로서의 제 삶은 책을 쓰면서부터 180도 바뀌었습니다. 지금도 저는 주변 선생님들에게 책 쓰기와 출판을 가르칩니다. 교사가 책을 쓰고 나누는 삶이 너무나 값지고 귀하다고 믿을뿐더러 그 안에서 얼마나 성장하는지 잘 알기 때문입니다.

저는 교사가 좋아하고 즐기는 것이 있다면 그걸 꾸준히 하라고 자주 말하곤 합니다. 어렵게 생각하지 말고, 과학을 좋아하는 교사라면 과학 관련 다양한 활동을 하면 되고, 공부가 좋은 교사라면 공부를 하면 됩니다. 외국어를 잘하는 교사라면 외국어 공부를 다양하게 하면 됩니다. 사람 만나는 게 좋다면 다른 교사들과 함께 다양한 교사 모임에서 활동하면 됩니다. 심지어 교사들을 위한 여러 공모전이나 연구 대회, 각종 대회 등도 너무나 많습니다. 어떤 영역이든, 어떤 분야든, 어떤 교사든 마음만 먹는다면 얼마든지 전문가로서 역량을 꾸준하게 키워나갈 수 있습니다.

꼭 하나만 파지 않아도 됩니다. 교사가 하는 모든 경험, 모든 공부는 교사로서의 역량을 키워줍니다. 저는 과학에 흥미가 있을 때는 과학전람회에 작품을 꾸준히 출품했고, 발명에 관심이 있을 때는 특허를 준비하기도 했습니다. 그 과정에서 각종 보고서나 계획서도 숱하게 써보았고, 많은 실험을 다양하게 설계해보기도 했습니다. 이것이 계기가 되어, 학부는 국어 교육 전공이면서도 대학원은 과학 교육을 전공했습니다. 쉽지 않았지만, 좋아서 한 일이라 힘들면서도 행복했습니다.

어떤 것이든 좋아하고 즐길 만한 일을 꾸준히 하세요. 좋아하는 것을 잘할 때까지 하는 것. 그것이 삶을 변화시키는 첫걸음입니다. 굳이 남들 앞에서 내세우고 빛나기 위해서가 아닙니다. 그저 삶을 즐기고 하루하루를 온전하게 누리는 과정에서, 어느 순간 또 다른 삶을 살고 있는 자신을 만나기 위해서입니다.

선생님의 새로운 도전을 진심으로 응원합니다.

참고 자료

* 안다영, 이혜진 〈정서명명이 사회불안이 높은 대학생들의 발표불안 감소에 미치는 효과: 예비연구〉 (2017)

부드러우면서 단호한 학급 경영의 기술

초판 1쇄 인쇄 2026년 1월 19일
초판 1쇄 발행 2026년 2월 2일

지은이 김성효
펴낸이 이경희

펴낸곳 빅피시
출판등록 2021년 4월 6일 제2021-000115호
주소 서울시 마포구 월드컵북로 402, KGIT 19층 1906호

ISBN 979-11-24137-08-6 (04370)
ISBN 979-11-94033-02-8 (세트)